JN006602

自治体職員のための

水害救援法務ハンドブック

―防災・減災の備えから
初動・応急、復旧・復興までの実務―

弁護士・防災士　　弁護士・気象予報士
中村健人　｜　岡本　正
［著］

第一法規

はじめに

　我が国は、豊かな自然に恵まれている。

　このことは、自然の脅威にさらされるリスクが高いことも意味している。

　特に、国土を海で囲まれ、多くの河川を有するという特質から、我が国は古来より水害に苦しめられてきた。

　治水の技術が向上し、関連する法整備が進んだ現代においても、水害で犠牲になる人々は後を絶たない。

　自然の力を前にして、私個人として立ち向かうことはできなくとも、私の、基本的人権の擁護と社会正義の実現を使命とする弁護士として、また、住民の福祉の増進を目的とする自治体職員としての立場から、現段階における水害対応に関連する法整備の到達点と、そこから導かれる自治体法務を記すことで、水害に備える、又は発災後に最前線で奮闘する自治体職員の参考としてもらい、もって一人でも多くの人を水害から救うことの一助となることはできるのではないか。これが本書執筆の動機である。

　そのため、本書の特徴として、現在の我が国における水害対応に関連する法制度を幅広く紹介しつつ、自治体職員にかかわる関連実務の解説を法理論の解説に優先させ、また、水害の場合、他の災害、特に地震の場合と異なり、ある程度事前に発災時期が予測できる場合が多いことを踏まえ、自治体関連実務の中でも、水害に対する事前準備と初動時の実務の解説に力点が置かれていることが挙げられる。

　さらに、自治体職員の負担なく手元に置いておけるようハンドブック形式とし、そのために不十分になりがちな情報量をカバーするため、参考となる情報・資料について二次元バーコードを付すといった工夫を行った。

　ところで、私は、本書執筆以前に、自治体職員による災害対応のための参考書籍（『自治体職員のための災害救援法務ハンドブック－備え、初動、応急から復旧、復興まで－』）を執筆させていただいており、現在、幸いにして同書の改訂版が世に出ている。

ここで紹介しなければならないのが、前著及び本書の共同執筆者である弁護士の岡本正氏である。

　岡本氏は、「災害復興法学」の提唱者であり、前著執筆時点で既に数々の輝かしい実績をあげていたが、その後も着実に実績を重ね、今や災害法制実務分野を牽引する存在となっている。

　岡本氏には、前著でも散々お世話になっているところ、当時よりさらに多忙を極めているであろう状況下において、本書の共同執筆を依頼することに躊躇がなかったわけではないが、本書のコンセプトの実現は、もはや私一人の力量では如何ともし難いものであった。

　そこで、司法修習同期のよしみを頼りに、意を決して岡本氏に本書の共同執筆を依頼したところ、これを快諾してくれたばかりか、その時点で気象予報士にもなっていた岡本氏は、水害に係る法律実務書を世に出すのであれば、関連する気象情報の解説も加えるべきだと、私では思いつきもしない提案をし、一節を割いてこれを実現してくれた。

　この点を含め、本書の随所で反映されている岡本氏の災害法制及びその実務に関する豊富な知識と深い洞察がなければ、本書が日の目を見ることはなかった。岡本氏には、この場を借りて心より感謝の意を表したい。

　本書の発刊に当たっては、第一法規株式会社制作局編集第二部の大木島幸氏と工藤真澄氏に多大なる助力をいただいた。この場を借りて厚く御礼申し上げる。

　また、前著でもそうであったが、本書でも、私が、その荷の重さにもかかわらず執筆を続けることができたのは、災害から守るべきわが子たちの存在によるところが大きい。

　読者の皆様には、本書冒頭にこのことを記しておくのをお許しいただきたい。

令和6年6月

中村　健人

目次 | 自治体職員のための
水害救援法務ハンドブック
－防災・減災の備えから初動・応急、復旧・復興までの実務－

第2章 初動・応急編

第3章 復旧・復興編

第4章　事前研修・参考文献編

装丁　篠　隆二

凡例

●法令略称表

略称	正式名称
災対法	災害対策基本法
災対法施行令	災害対策基本法施行令
災対法施行規則	災害対策基本法施行規則
災救法	災害救助法
災救法施行令	災害救助法施行令
災害弔慰金法	災害弔慰金の支給等に関する法律
個人情報保護法	個人情報の保護に関する法律
特定非常災害特別措置法	特定非常災害の被害者の権利利益の保全等を図るための特別措置に関する法律
土砂災害防止法	土砂災害警戒区域等における土砂災害防止対策の推進に関する法律
盛土規制法	宅地造成及び特定盛土等規制法
廃棄物処理法、廃掃法	廃棄物の処理及び清掃に関する法律

●関係通知等

　本書で紹介している通知等は執筆時点のものであり、随時更新されている可能性がありますので、ご承知おきください。

●書誌情報

　参考図書等については、初出のみ編著者名、書誌名、発行年、発行所等を記載し、以降は書誌名のみを記載しています。

水害の歴史と
近年における傾向

1 我が国の水害の歴史

　我が国における水害は多くの被災者を生み、古来、国民は水害に悩まされてきたといえよう。

　近代以降、深刻な水害に見舞われるたび、国は水害対策のための法制度を整備してきた。

　古くは明治27年の大水害等を踏まえ、明治29年に旧河川法が、明治30年に砂防法が制定され、その後も、昭和22年のカスリーン台風を踏まえて昭和24年に水防法が、昭和32年の西九州地方における豪雨による地すべり災害を踏まえて昭和33年に地すべり等防止法が制定されるなどした。そして、昭和34年の伊勢湾台風は、現在につながる我が国の災害対策法制の根幹をなす災害対策基本法を昭和36年に成立させることになった。近年では、平成11年の広島豪雨災害を踏まえて平成12年に土砂災害防止法が、平成11年及び平成15年の福岡水害、平成12年の東海豪雨を踏まえて平成15年に特定都市河川浸水被害対策法が制定され、その後も深刻な水害をきっかけとして必要な法改正がなされるなどしてきた。

2 近年の水害の傾向と自治体の責務

　こうした法改正を経てもなお、水害による国民の生命・身体・財産に係る被害がやむことはなく、国土交通省による統計では、台風が次々と日本列島を襲った令和元年における1年間の水害被害金額は2兆1,800億円と史上最高額に達し、令和4年における1年間の水害被害額も約6,000億円（暫定値）に及んだ。毎年の水害による死者も相当数にのぼる。

　特に、現代における我が国の都市は、地盤沈下や天井川の形成などで海や河川の水位より低い土地に形成されている場合が多く、河川から水が溢れたり堤防が決壊したりすると大きな被害が生じることになる。

　また、地球温暖化などが影響しているとされる線状降水帯を含む集中豪雨については、その発生頻度が昭和51年と比べて令和2年では約2.2倍

になっているとの研究成果もある。

　こうした傾向を踏まえると、我が国においては、今後も深刻な水害が発生することが予想され、国や自治体には、より実効性のある水害対策が求められているといえる。

　この点については、今後の法整備や技術の進歩に待つところも少なからず存在すると考えられるものの、国や自治体は、現在の法制度や技術を前提として、最大限の水害対策を講じるべき義務・責務がある。

　たとえば国においては、水災害リスク情報の理解やリスク軽減等にあたり、住民、民間企業、行政機関の相互理解の下で信頼・実感に基づく関係性を構築できるような「水災害リスクコミュニケーション」が重要であるとしている。そしてその一環として、どのような水災害リスク情報があるのか、どのように使えばよいかなどを解説し、主に民間企業や行政機関などが、自らの水災害リスクを確認し、平常時において主体的な減災行動を取ることができるような情報発信をすることを目的として、令和6年6月7日より「水災害リスクコミュニケーションポータルサイト」の運用を開始している。このような俯瞰的・総合的な観点からの事業は国ならではのものといえるだろう。

(国土交通省HP)

　本書は、自治体の果たすべき義務・責務について、現在の水害関連法制度を前提として、防災・減災の事前準備から復興に至るまでの水害対策の実務を、法務的観点から概説するものである。

第 1 章

防災・減災のための
事前準備編

第1節 防災計画と行為規範

1 地域防災計画（水害対策）

（1）地域防災計画の位置付け

　日本という国全体における防災の基本を示すのは、中央防災会議が作成する「防災基本計画」である（災対法34条1項）。

　地域防災計画は、防災基本計画を踏まえて、自治体の防災会議（防災会議を設置しない市町村にあっては、市町村長）によって作成されるものである（災対法40条1項、42条1項、110条。以下、災対法110条（特別区についてのこの法律の適用）の記載は省略する）。

　その他の主要な防災計画として、内閣総理大臣が指定する指定行政機関及び指定公共機関が作成する「防災業務計画」がある（災対法36条1項、39条1項）。

　地域防災計画は、自治体という特定地域に着目し、当該地域の特殊性を加味するとともに、当該地域の防災に関しかかわりのある機関等の防災に関して処理すべき事務又は業務について広く定めたものである。

　そして、地域防災計画のうち、都道府県が作成する都道府県地域防災計画は、関係機関等の処理すべき事務又は業務を包含し、その地域における総合的な運営を図ることを主たる目的としているのに対して、市町村が作成する市町村地域防災計画は、当該市町村を中心とし、その区域における防災活動の効果的かつ具体的な実施を図ることに重点が置かれる。

　自治体は、かかる地域防災計画を毎年見直し、必要に応じて修正しなければならない（災対法40条1項、42条1項）。

（2）地域防災計画（水害対策）における重点事項

　防災基本計画は、地域防災計画において特に重点を置くべき事項として、①大規模広域災害への即応力の強化に関する事項、②被災地への物資の円

滑な供給に関する事項、③住民等の円滑かつ安全な避難等に関する事項、④被災者の避難生活や生活再建に対するきめ細やかな支援に関する事項、⑤事業者や住民等との連携に関する事項、⑥大規模災害からの円滑かつ迅速な復興に関する事項、⑦津波災害対策の充実に関する事項、⑧原子力災害対策の充実に関する事項の8項目を挙げている（中央防災会議「防災基本計画」令和5年5月、第1編第5章）。

　これらの重点事項は、今後想定される災害でいえば、首都直下地震や南海トラフ地震においてはすべての事項が当てはまるものと考えられるが、水害との関係では、特に③、④及び⑤が重要であると考えられる。

　すなわち、水害については、特に、水害に係る防災に関する学習、避難訓練等において事業者や住民等と連携し（⑤）、水害発生時においては住民等を円滑かつ安全に避難させ、また、円滑かつ効率的に避難所の運営を図りつつ（③、⑤）、その後の被災者の避難生活や生活再建に対する支援を実施すること（④）が重要であり、自治体における地域防災計画もこれらの事項をいかに実現するかといった観点から策定されるべきであるといえる。

　なお、水害については、地域防災計画のほか、河川法、水防法、土砂災害防止法、盛土規制法等、個別法令によってその対策が講じられることとされているが、内容が多岐にわたるため、この点については本節の次項（「2　情報提供・施設管理・行為規制」10頁以下）でまとめて述べることとする。

（3）地域防災計画の法的性質

　地域防災計画の法的性質については、それ自体が法的拘束力を有する法令等には当たらないから、市町村長がこれに従わなかったからといって、そのことが直ちに違法と評価されるものではないとしつつ、市町村長は、地域防災計画が定める基準が不合理なものでない限り、避難勧告（当時。以下同じ。）の発令の要否を検討するに際しては、これに従う義務があるというべきであり、特段の事情がないのに、これに従わずに避難勧告発令

の権限を行使しなかったときは、その不行使が著しく不合理と認められる場合に当たるものとして、違法と評価されるものと解するのが相当である、とする裁判例がある（神戸地姫路支判平成25年4月24日判例タイムズ1405号110頁。なお、本裁判例の詳細については後述する（本章第4節「水害をめぐる裁判事例－事前準備へのフィードバック」76頁以下）。

　自治体としては、地域防災計画が、単なる内部的な行動指針にとどまらず、裁判における違法性の判断基準として用いられる可能性がある点に留意が必要である。

（4）地域防災計画（水害対策）の展開と本書の活用法

　自治体は、地域防災計画を作成して安心してはならない。

　実際に水害が発生したときに、地域防災計画のうち、特に発災後の初動・応急に係る事項について、被災者の救援のための具体的活動として展開できなければならない。

　そのためには、水害の発災後の実務に係るシミュレーションが欠かせない。

　被災者の救出や医療の提供、避難等については、各自治体において住民参加も含めた実地訓練がなされることがあり、訓練が実施された事項については水害発災時に相応の効果が期待される。

　しかし、水害の発災後の実務のすべてについて実地訓練を行うのは極めて困難である。実地訓練の隙間をどこまで埋めることができるかは、平時において、自治体職員が被災者救援の具体的場面について、どれだけ想像力を働かせることができるか、つまり、机上訓練にかかっていると思われる。

　本書の第2章・第3章では、水害発災後における自治体の実務及び初動から復興に至る過程の中でも特に重要性が高い実務について、各実務を災害法制の観点からまとめることにより、自治体職員が被災者救援の各場面をできる限り具体的にイメージできるよう努めている。

　よって本書は、水害発災後に自治体職員が実務に取り組む際のハンド

ブックとしての機能を有するものであると同時に、自治体職員が被災者救援に関する机上訓練を繰り返し、実地訓練の隙間を少しでも多く埋めていき、あわせて地域防災計画の不断の見直しと修正により、その実効性を高めるためのツールとしても活用することが可能である。

　一方、水害の場合、他の災害、特に地震の場合と異なり、ある程度事前に発災時期が予測できる場合が多いという点に特徴がある（かかる予測に関する事項については、本章第3節「おさえておきたい防災気象情報の基礎」64頁以下参照）。

　こうした特徴から、水害対応にあたる自治体においては、事前準備と初動が特に重要となる。

　なお、ここでいう「初動」は、例えば台風が被災地に上陸した時点以降の実務のみを指すのではなく、当該台風がいずれかの場所において発生し、その後、一定期間経過後に上陸することが気象情報に照らして相当の蓋然性をもって予測される場合における、当該台風の発生時以降の実務を指す。

　そして、かかる事前準備と初動が適切に行われることにより、より多くの住民等を救うことが可能になると考えられることから、自治体は、地域防災計画の展開において、特にこれらの点を重視すべきであるといえる。

　以上のことから、本書では、水害に係る自治体の事前準備と初動における実務に重点を置いている。上述の水害発災後に自治体職員が実務に取り組む際のハンドブックとしての機能のほか、いかに水害の被害を未然に防ぐかという観点から、自治体職員が事前準備及び初動における実務に取り組む際のハンドブックとしての機能も有しており、どちらかといえばその力点は後者の機能に置かれている。

　自治体職員による本書の活用にあたっては、この点に留意されたい。

（1）ハザードマップ

①洪水等に起因する浸水被害

　住民を洪水等に起因する浸水被害から守るための自治体における事前準備のひとつとして、住民に対してあらかじめこの点に係るハザードマップを提供し、洪水等への備えをしてもらうことが挙げられる。

　ハザードマップ作成の前提として、浸水想定区域を指定する必要がある。

　当該区域は、水防法により、「洪水浸水想定区域」（14条）、「雨水出水浸水想定区域」（14条の2）、「高潮浸水想定区域」（14条の3）に分けられる。

　「洪水浸水想定区域」は、国土交通大臣及び都道府県知事が、特定の河川について、洪水時の円滑かつ迅速な避難を確保し、又は浸水を防止することにより、水害による被害の軽減を図るため、想定最大規模降雨により当該河川が氾濫した場合に浸水が想定される区域として指定するものである（水防法14条1項、2項）。

　「雨水出水浸水想定区域」は、都道府県知事及び市町村長が、公共下水道等の特定の排水施設について、雨水出水時の円滑かつ迅速な避難を確保し、又は浸水を防止することにより、水害による被害の軽減を図るため、想定最大規模降雨により当該排水施設に雨水を排除できなくなった場合、又は当該排水施設から河川その他の公共の水域もしくは海域に雨水を排除できなくなった場合に、浸水が想定される区域として指定するものである（水防法14条の2第1項、第2項）。

　「高潮浸水想定区域」は、都道府県知事が、特定の海岸について、高潮時の円滑かつ迅速な避難を確保し、又は浸水を防止することにより、水害による被害の軽減を図るため、想定し得る最大規模の高潮であって、当該海岸について高潮による氾濫が発生した場合に浸水が想定される区域として指定するものである（水防法14条の3第1項）。

　これらいずれの区域の指定についても、指定の区域の範囲、浸水した場

合に想定される水深等の事項を明らかにして行われ、国土交通大臣、都道府県知事及び市町村長は、かかる事項を公表するとともに、国土交通大臣と都道府県知事においては、関係市町村長に通知しなければならず、指定の変更についてもかかるルールが準用されている（水防法14条3項〜5項、14条の2第3項〜第5項、水防法第14条の3第2項〜第4項）。

　以上の浸水想定区域は、地域防災計画とハザードマップを通じて住民に周知されることになる。

　すなわち、市町村防災会議（災対法16条1項。なお、これを設置しない市町村にあっては、当該市町村長。）は、上記各浸水想定区域の指定があったときは、地域防災計画において、少なくとも浸水想定区域ごとに、①洪水予報等の伝達方法、②避難施設その他の避難場所及び避難路その他の避難経路に関する事項、③市町村長が行う洪水、雨水出水又は高潮に係る避難訓練の実施に関する事項、④浸水想定区域内にある地下街や社会福祉施設、学校のような要配慮者利用施設（社会福祉施設、学校、医療施設その他の主として防災上の配慮を要する者が利用する施設をいう。以下同じ。）、大規模な工場等、特定の施設の名称及び所在地、⑤その他洪水時等の円滑かつ迅速な避難の確保を図るために必要な事項、を定めなければならない（水防法15条1項各号）。

　そして、浸水想定区域をその区域に含む市町村長は、地域防災計画に定められた上記①から⑤の事項を住民や滞在者等に周知させるため、これらの事項を記載した印刷物の配布その他の必要な措置を講じなければならないとされている（水防法15条3項）。このことに基づき、浸水想定区域及び浸水した場合に想定される水深を表示した図面に、上記①から⑤の事項等を記載したものがハザードマップである（同法施行規則11条1号）。

　市町村長には、ハザードマップを印刷物の配布等によって各世帯に提供するとともに、当該情報をインターネットの利用等により、住民等がその提供を受けることができる状態に置くことが求められる（水防法施行規則11条1号、2号）。

　また、宅地建物取引業者は、宅地及び建物の売買、交換、賃貸に際して

行われる重要事項の説明において、ハザードマップ上における当該宅地又は建物の所在地を説明する義務があり（宅地建物取引業法35条1項14号イ、同法施行規則16条の4の3第3号の2、水防法施行規則11条1号）、当該義務の違反は業務停止事由に該当することから（宅地建物取引業法65条2項2号、4項2号）、都道府県知事においては、最終的にはかかる業務停止処分を視野に入れつつ、宅地建物取引業者への適切な指導等が求められるといえよう（同法71条）。

　国土交通省の調査によれば、以上に述べたハザードマップのうち、洪水浸水想定区域に係る洪水ハザードマップの全国市町村における公表率については、想定最大規模対応で約96％、計画規模対応で約99％となっているものの（令和5年3月末時点）、高潮浸水想定区域を含む市町村のうち、高潮ハザードマップを公表しているのは約70％、公共下水道等の雨水排水施設を有する市町村のうち、内水ハザードマップを公表しているのは約11％にとどまっている（令和5年9月末時点）。

　これらのハザードマップについては、国土交通省によって「水害ハザードマップ作成の手引き」（令和5年5月）が提供されており、作成にあたって有用な技術的支援ツールも提供されているので、ハザードマップ未公表の関係自治体としては、かかる手引き、支援ツールも活用しつつ、速やかに作成・公表すべきであろう。

（国土交通省HP）

②豪雨等に起因する土砂災害

　土砂災害による被害発生の直接的な原因は文字どおり土砂であるが、土砂災害の発生原因の中には豪雨や長雨に起因する土石流、地すべり、急傾斜地の崩落等が含まれ、これらは広い意味では水害の一種として扱い得ることから、本書では関連する土砂災害も取り上げることとする。

　豪雨等に起因する土砂災害についても、洪水等に起因する浸水被害同様、事前対策としては住民に対してハザードマップを提供することが挙げられる（以下、洪水等に係るハザードマップと区別するため「土砂災害ハザードマップ」ともいう）。

　土砂災害の場合は、ハザードマップ作成の前提として、「土砂災害警戒

区域」、「土砂災害特別警戒区域」を指定する必要がある。

　「土砂災害警戒区域」とは、都道府県知事が、急傾斜地の崩壊等が発生した場合には住民等の生命又は身体に危害が生ずるおそれがあると認められる土地の区域で、当該区域における河道閉塞による湛水を発生原因とするものを除く土砂災害を防止するために、警戒避難体制を特に整備すべき土地の区域として指定するものである（土砂災害防止法７条１項）。

　「土砂災害特別警戒区域」とは、都道府県知事が、土砂災害警戒区域のうち、急傾斜地の崩壊等が発生した場合には建築物に損壊が生じ住民等の生命又は身体に著しい危害が生ずるおそれがあると認められる土地の区域で、一定の開発行為の制限及び居室（建築基準法２条４号に規定する居室）を有する建築物の構造の規制をすべき土地の区域として指定するものである（土砂災害防止法９条１項）。

　このうち、「土砂災害警戒区域」（通称：イエローゾーン）の指定については、指定の区域、土砂災害の発生原因となる自然現象の種類を定めて行われ、都道府県知事は、指定をしようとするときは、あらかじめ、関係のある市町村長の意見を聴かなければならず、また、指定をするときは、その旨並びに指定の区域及び土砂災害の発生原因となる自然現象の種類を公示しなければならず、これらの事項を公示したときは、速やかに関係市町村長に対し、公示された事項を記載した図書を送付することとされ、指定の解除についてもかかるルールが準用されている（土砂災害防止法７条２項～６項）。

　また、「土砂災害特別警戒区域」（通称：レッドゾーン）の指定については、指定の区域、土砂災害の発生原因となる自然現象の種類のほか、当該自然現象により建築物に作用すると想定される衝撃に関する事項を定めて行われる。都道府県知事による関係市町村長の意見の徴取や当該事項の公示に係る手続き、指定の解除に係るルールの準用については土砂災害警戒区域と同様であるものの、指定が公示によってその効力を生じる点、関係市町村長が、公示に係る図書を当該市町村の事務所において一般の縦覧に供しなければならない点、土砂災害の防止に関する工事の実施等により、

土砂災害特別警戒区域の全部又は一部について指定の事由がなくなったと認めるときは、当該区域の全部又は一部について指定を解除するものとされている点で、土砂災害警戒区域と異なっていることには留意が必要である（土砂災害防止法9条2項～9項）。

これらの警戒区域は、地域防災計画とハザードマップを通じて住民に周知されることになる。

すなわち、市町村防災会議（災対法16条1項。なお、これを設置しない市町村にあっては、当該市町村長。）は、これらの警戒区域の指定があったときは、地域防災計画において、当該警戒区域ごとに、①土砂災害に関する情報の収集及び伝達並びに予報又は警報の発令及び伝達に関する事項、②避難施設その他の避難場所及び避難路その他の避難経路に関する事項、③災害対策基本法48条1項の防災訓練として市町村長が行う土砂災害に係る避難訓練の実施に関する事項、④警戒区域内に、要配慮者利用施設であって、急傾斜地の崩壊等が発生するおそれがある場合における当該要配慮者利用施設を利用している者の円滑かつ迅速な避難を確保する必要があると認められるものがある場合にあっては、当該要配慮者利用施設の名称及び所在地、⑤救助に関する事項、⑥その他警戒区域における土砂災害を防止するために必要な警戒避難体制に関する事項、を定めなければならない（土砂災害防止法8条1項各号）。

そして、これらの警戒区域をその区域に含む市町村長は、上記①、②、⑥に係る事項を住民等に周知させるため、これらの事項を記載した印刷物の配布その他の必要な措置を講じなければならないとされている（土砂災害防止法8条3項）。このことに基づき、これらの警戒区域並びにこれらの区域における土砂災害の発生原因となる自然現象の種類を表示した図面に、上記①、②、⑥に係る事項を記載したものが、土砂災害ハザードマップである（同法施行規則5条1号）。

市町村長には、土砂災害ハザードマップを印刷物の配布等によって各世帯に提供するとともに、当該情報をインターネットの利用等により、住民等がその提供を受けることができる状態に置くことが求められる（土砂災

害防止法施行規則5条1号、2号）。

　また、宅地建物取引業者は、宅地及び建物の売買、交換、賃貸に際して行われる重要事項の説明において、当該宅地又は建物が土砂災害警戒区域内にあるときはその旨を説明する義務がある（宅地建物取引業法35条1項14号イ、同法施行規則16条の4の3第2号、土砂災害防止法7条1項）。

　さらに、宅地建物取引業者は、当該宅地が土砂災害特別警戒区域内にあるときは、都市計画法4条12項に規定する開発行為で、当該開発行為をする土地の区域内において建築が予定されている建築物の用途が土砂災害防止法10条2項に定める制限用途（宅地分譲、学校、社会福祉施設、医療施設）であるもの（以下「特定開発行為」という。）をしようとする者が、あらかじめ、都道府県知事の許可を受けなければならないことを重要事項として書面を交付して説明する義務がある（宅地建物取引業法35条1項2号、同法施行令3条1項44号、土砂災害防止法10条）。

　これらの義務違反は業務停止事由に該当することから（宅地建物取引業法65条2項2号、4項2号）、都道府県知事においては、最終的にはかかる業務停止処分を視野に入れつつ、宅地建物取引業者への適切な指導等が求められるといえよう（同法71条）。

　国土交通省の調査によれば、土砂災害ハザードマップの公表率は約99％となっており（令和5年3月末時点）、ほぼ整備ができていると考えられるが、そうであればこそ、未公表の自治体については早急な公表が求められるといえるだろう。

　なお、土砂災害ハザードマップについては、国土交通省によって「土砂災害ハザードマップ作成ガイドライン」（令和2年10月）が提供されている。

（国土交通省HP）

③まるごとまちごとハザードマップ

　自治体がどれだけ精緻でわかりやすいハザードマップを配布、公表しても、住民がこれを確認せず、また、周知が図られなければ画餅に帰してしまう。

この点を踏まえ、国土交通省によって推奨されているのが「まるごとまちごとハザードマップ」の実施である。

　「まるごとまちごとハザードマップ」とは、自らが生活する地域の水害の危険性を実感できるよう、居住地域をまるごとハザードマップと見立て、生活空間である「まちなか」に、水防災にかかわる情報のうち、①洪水・内水・高潮の浸水深に関する情報、②避難行動に関する情報（避難所及び避難誘導に関する情報）を標示する取組みである。浸水深や避難所等に関する情報を水害関連標識として生活空間である「まちなか」に表示することにより、日常時から水防災への意識を高めるとともに、浸水深・避難所等の知識の普及・浸透等を図り、発災時には命を守るための住民の主体的な避難行動を促し、被害を最小限にとどめることを目的とするものである。

　主な取組みは、洪水・内水・高潮の浸水深に係る標識を自治体の庁舎、小学校、公民館等の公共施設や電柱に設置すること、あわせて、近隣の避難所の表示や同避難所の方向や距離に係る情報の表示を行うことである。すなわち、紙や電子媒体による2次元のハザードマップを、「まちなか」という空間における3次元のハザードマップへと展開する取組みであるといえよう。

　このような取組みによって、ハザードマップが住民生活の中で目に見える形になれば、住民に対する実効性の高いハザードマップ周知の手段となり得る。

　国土交通省の調査では、平成30年9月末時点における「まるごとまちごとハザードマップ」の実施は、ハザードマップ作成対象自治体の13.5％であるとされ、現在ではさらに取組みが進んでいるものと思われるが、未実施の自治体においては、ハザードマップ周知に係る施策のひとつとして前向きに検討すべきであろう。

　なお、「まるごとまちごとハザードマップ」については、国土交通省により、実施の手引きや学習プログラムでの活用事例、防災訓練での活用事例、事業者や住民等との連携事例等を含む取組事例集に加え、関連標識の仕様も提供されている。

図表1-1　まるごとまちごとハザードマップの概要

まるごとまちごとハザードマップ

自らが生活する地域の水害の危険性を実感できるよう、居住地域をまるごとハザードマップと見立て、生活空間である"まちなか"に水防災にかかわる以下の情報を標示する取組
- ●洪水・内水・高潮の浸水深に関する情報
- ●避難行動に関する情報（避難所及び避難誘導に関する情報）

目的

"まちなか"に表示することにより、日常時から水防災への意識を高めるとともに浸水深・避難所等の知識の普及・浸透等を図り、発災時には命を守るための住民の主体的な避難行動を促し、被害を最小限にとどめることを目指す

安全かつスムーズな避難（住民の主体的な避難行動）

●洪水・内水・高潮の浸水深に関する情報例

●避難行動に関する情報例（避難所及び避難誘導に関する情報）

水害ハザードマップの内容を、それぞれの地域で具体的に、臨場感をもって認識し、避難の実効性を高めるための工夫として、まるごとまちごとハザードマップを実施することは有効です。

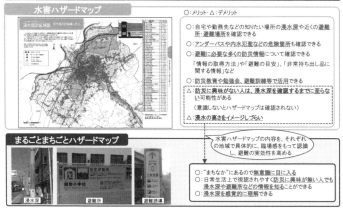

（出典：国土交通省ホームページ「まるごとまちごとハザードマップのすすめ」平成31年、2頁・3頁より抜すい、https://www.mlit.go.jp/river/bousai/main/marumachi/pdf/marumachi_hazardmap.pdf）

このうち、特に学習プログラムと防災訓練での活用事例は注目に値する。

上記取組事例集で取り上げられている学習プログラムは、川内川河川事務所が、水防災学習プログラムとして、小学校1年生〜6年生の各学年において、理科、社会科、家庭科、生活科等の各教科に水防災視点を盛り込み、関連付け、発達段階に応じて水防災知識や災害における判断力を身に付けていくことができる体系的な学習プログラム・教材を作成しているというものであるが、当該プログラムが住民（特に子ども）に対するハザードマップ周知の一環として有用なのはいうまでもない。

同じく防災訓練での活用事例としては、香取市における「まるごとまちごとハザードマップ」の設置に合わせた地域住民による避難訓練の実施が取り上げられており、具体的には、避難路の途中にある「まるごとまちごとハザードマップ」の表示を確認しながら指定避難所まで移動するというものである。

いずれも「まるごとまちごとハザードマップ」活用の好例といえるが、学習プログラムと防災訓練を組み合わせた活用も考えられるだろう。

例えば、小学校における学習プログラムで「まるごとまちごとハザードマップ」に係る学習をした後、周辺地域における洪水等の標識を探し出す野外活動を通じて、発見した標識に従って実際に指定避難所まで移動する、という防災訓練を実施すること等が考えられる。場合によっては、オリエンテーリングの要素などを加え、子どもたちが関心をもって積極的に取り組めるような工夫も可能であろう。

さらに、小学校における授業参観、運動会、学芸会その他の行事の際に保護者や祖父母のような親族が来校する機会をとらえて、親子・親族を含めて同様の防災訓練を実施することも一考に値する。

いずれにしても、自治体としては、洪水等・土砂災害ハザードマップの作成・公表にとどまることなく、「まるごとまちごとハザードマップ」の活用等による住民への周知施策を積極的に展開し、最終的には住民がハザードマップに係る知識を頭で理解しているのみならず、これを「身に付け」て実際に「行動（避難）する」ことができるようになるため、1人で

も多くの住民が参加できるような工夫を凝らした防災訓練を定期的に実施することが求められるといえよう。

（国土交通省HP）

COLUMN① 水害とマイ・タイムライン

　水害時における「マイ・タイムライン」とは、住民の一人ひとりが作成するオリジナルの防災行動計画（タイムライン）をいう。様々な災害のなかでも、風水害は気象予報技術が発展し、事前の被害回避のための行動による防災・減災効果が大きい。水害はマイ・タイムラインと相性がよいのである。

　現在、多くの自治体で、小学生から大人に至るまで、水害に備えるマイ・タイムライン作成のための学習会やワークショップが展開されている。国土交通省水管理・国土保全局のウェブサイト「マイ・タイムライン」などに様々な先例やコンテンツがあるので参考になる。

（国土交通省HP）

　マイ・タイムラインを作成していく過程では、時系列に応じていくつかのチェックポイントが登場してくる。そのときにどのような行動をするのかを記述しながら（アプリへの入力や、台紙へのシールの貼り付け等様々な工夫が考えられる）、自ら新しい防災行動についての「気付き」を得ることが最も大切である。これにより防災・減災が「自分事」になるのである。

　特に重要なチェックポイントは「どの時点で避難行動をとるのか（どの時点までに避難準備を済ませるのか）」と「どこへ避難するのか」を具体的にしておくことである。この２点だけでも常に認識していられるようになれば、マイ・タイムラインの意義は大きい。例えば「どの時点で避難行動をとるか」については「高齢者等避難」か「避難指示」のいずれかを、自らや家族の年齢・健康状態・その他考慮すべき事項を念頭に、確実に選択したうえで、情報が入ってきたときに、すぐさまトリガーを引けるように待ち構える意識を持っておかなければ

19

ならない。

　そして「どこへ避難するのか」についても、住んでいる地域の洪水や浸水に関するハザードマップを確認し、「近隣の高台の小学校へ避難する」「同じアパートの上階へと垂直避難する」「自宅の部屋に待機する」といった具体的な行動指針を明記しておくことが重要である。

（2）大規模盛土造成地マップ

　上述のハザードマップとは異なるものの、ハザードマップとあわせて活用することが想定されているものに、大規模盛土造成地マップがある。

　このマップは、盛土造成地のうち、盛土の面積が3,000m^{2}以上のものを谷埋め型大規模盛土造成地、盛土する前の地盤面の水平面に対する角度が20度以上で、かつ、盛土の高さが5m以上のものを腹付け型大規模盛土造成地とし、国土交通省や自治体でこれらを公表したものである（以下、これらをあわせて単に「大規模盛土造成地」という。）。

　当該マップは、もともと、阪神・淡路大震災や東日本大震災等の大地震発生時に、大規模盛土造成地において、盛土の地滑り的変動が生じ、崩れや土砂の流出等による被害が発生したことから、かかる滑動崩落への対策を進めるために、自治体で実施した大規模盛土造成地の有無等の調査結果をとりまとめたものである。

　マップの公表は漸進的に進められ、令和2年3月30日をもって全国で完了している。

　国土交通省によれば、大規模盛土造成地は直ちに危険な土地ではないが、その情報と土砂災害や浸水想定等のハザード情報と重ねて閲覧可能であり、身近な地域の災害リスク情報などが把握可能であるとする。

　そして、当該マップについては、国土交通省の提供する「ハザードマップポータルサイト」における、「重ねるハザードマップ」上で確認することができる（「地図を見る」→「すべての情報から選択」→「土地の特徴・成り立ち」→「大規模盛土造成地」）。

（国土交通省HP）

　なお、筆者が「重ねるハザードマップ」を利用して確認した限りでは、

全国的に見て、大規模盛土造成地は、洪水等の浸水想定に係るハザードマップとの重複はほとんどなく、土砂災害ハザードマップとの重複はそれなりの範囲で確認できた。

このことから、自治体としては、大規模盛土造成地マップについて、住民への情報提供のほか、後述（本節「（5）土砂災害への備え　①施設整備」30頁以下）の土砂災害への対策としての施設整備にあたり、判例法理を踏まえた優先順位付けをする際等にも活用できるだろう。

（3）河川の管理と行為規制

①河川法

河川の周辺地域では、洪水、津波、高潮等の水害による被害が発生しやすいといえるところ、河川の管理や行為規制について定める基本法が河川法である。

河川法では、河川を構成する土地の区域を河川区域として、また、河川区域に隣接した土地であって、河川を保全するために必要な区域として河川管理者が指定した区域を河川保全区域として、河川管理者に種々の管理が求められ、また、住民等に対する行為規制が定められている。

ここでいう「河川区域」とは、河川の流水が継続して存する土地や草木の生茂の状況等からそれに類する状況を呈している土地の区域、河川管理施設の敷地である土地の区域、堤外の土地の区域のうち、管理上の必要があるものとして河川管理者が指定した区域を指す（河川法6条1項各号）。

河川法は、河川について、洪水、津波、高潮等による災害の発生の防止等が目的とされており、河川管理者である国土交通大臣、都道府県知事、市町村長（以下、単に「河川管理者」という。）には、災害の発生の防止のため、ダム、堤防、護岸等の河川管理施設の設置、放水路、捷水路の開削、川床の掘削等の河川工事・維持修繕や、河川区域や河川保全区域における工作物の設置、土地の掘削、盛土、切土等の災害を誘発するおそれのある行為の規制を行うことが求められるとされている。

上記の行為規制については、河川管理者の許可制が定められている（河

図表1-2 河川法の規制対象区域

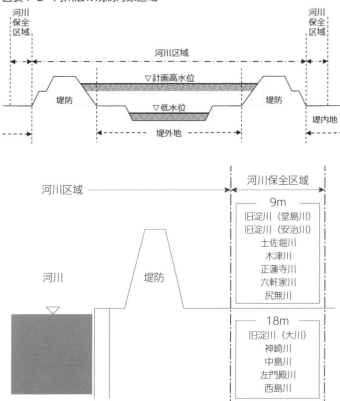

（出典：大阪府ホームページ「河川区域・河川保全区域」https://www.pref.osaka.
lg.jp/nishiosaka/applicate/appli-area2.html)

川法26条、27条、55条)。

　許可の必要な工作物（以下、「許可工作物」といい、河川管理施設と許
可工作物をあわせて「河川管理施設等」という。）の例として、橋梁へ添
架するケーブル、河川区域の上空を使用、又は地下に埋設するケーブル、
看板、仮設トイレ、置型倉庫、仮設工等が挙げられている。

　河川管理施設等は、その構造が適切でなければかえって河川の流れを阻害し、洪水等の原因となりかねないばかりか、水害に起因する住民等の被害を拡大させるおそれすらある。

　そこで、河川管理者又は許可工作物の管理者は、河川管理施設等を良好な状態に保つように維持し、修繕し、もって公共の安全が保持されるように努めなければならない（河川法15条の2第1項）。

　具体的には、①河川管理施設等の構造又は維持もしくは修繕の状況、河川の状況、河川管理施設等の存する地域の気象の状況その他の状況を勘案して、適切な時期に、河川管理施設等の巡視を行い、草刈り、障害物の処分その他の河川管理施設等の機能を維持するために必要な措置を講ずること、②河川管理施設等の点検は、河川管理施設等の構造等を勘案して、適切な時期に、目視その他適切な方法により行うこと（ダム、堤防等の特定の河川管理施設等については、1年に1回以上）、③河川管理施設等の損傷、腐食その他の劣化その他の異状があることを把握したときは、河川管理施設等の効率的な維持及び修繕が図られるよう、必要な措置を講ずることが求められる（河川法施行令9条の3）。

　また、河川管理者は、適切な河川の工事や維持のため、その管理する河川について、計画高水流量その他当該河川の河川工事及び河川の維持についての基本となるべき方針に関する事項を定めた「河川整備基本方針」と、河川整備基本方針に沿って、計画的に河川の整備を実施すべき区間に関する当該河川の整備に係る計画を定めた「河川整備計画」を策定しなければならない（河川法16条1項、16条の2第1項）。

　「河川整備基本方針」を定めるにあたっては、水害発生の状況、水資源の利用の現況及び開発並びに河川環境の状況を考慮し、かつ、国土形成計画及び環境基本計画との調整を図って、政令で定めるところにより、水系ごとに、その水系に係る河川の総合的管理が確保できるように定められなければならない（河川法16条2項）。

　「河川整備計画」を定めるにあたっては、河川整備基本方針に即し、かつ、公害防止計画が定められている地域に存する河川にあっては当該公害防止

計画との調整を図って、政令で定めるところにより、当該河川の総合的な管理が確保できるように定められなければならず、かつ、降雨量、地形、地質その他の事情によりしばしば洪水による災害が発生している区域につき、災害の発生を防止し、又は災害を軽減するために必要な措置を講ずるように特に配慮しなければならない（河川法16条の2第2項）。

　また、これらの基本方針や計画は、洪水等による災害の発生の防止又は軽減に関する事項について、過去の主要な洪水等及びこれらによる災害の発生の状況並びに流域及び災害の発生を防止すべき地域の現在及び将来の気象の状況、土地利用の現状及び将来の見通し、地形、地質その他の事情を総合的に考慮する必要がある（河川法施行令10条1号）。

　河川管理者は、以上に述べたような河川区域又は河川保全区域における河川管理施設等の管理・監督、住民等に対する行為規制を適切に行うことにより、一人でも多くの住民の生命・身体及びその財産を洪水等による水害から守る責務を有しているといえよう。

②特定都市河川浸水被害対策法

　都市部を流れる河川の流域においては、人口の密集や事業者の集中等を背景として、洪水等の浸水被害が発生した場合、住民の生活や経済活動などを支える社会インフラ等に深刻な影響を与えるおそれがある。

　そこで、都市部を流れる河川の流域において、著しい浸水被害が発生し、又はそのおそれがあり、かつ、河道等の整備による浸水被害の防止が市街化の進展又は当該河川が接続する河川の状況もしくは当該都市部を流れる河川の周辺の地形その他の自然的条件の特殊性により困難な地域について、浸水被害から国民の生命、身体又は財産を保護するため、当該河川及び地域をそれぞれ特定都市河川及び特定都市河川流域として指定し、浸水被害対策の総合的な推進のための流域水害対策計画の策定、河川管理者による雨水貯留浸透施設の整備その他の措置を定めることにより、特定都市河川流域における浸水被害の防止のための対策の推進を図り、もって公共の福祉の確保に資することを目的として制定されたのが、特定都市河川浸水被害対策法である（同法1条参照）。

　国土交通大臣は一級河川について、都道府県知事は二級河川について、その流域において著しい浸水被害が発生し、又はそのおそれがあるにもかかわらず、河道又は洪水調節ダムの整備による浸水被害の防止が、市街化の進展又は当該河川が接続する河川の状況もしくは当該都市部を流れる河川の周辺の地形その他の自然的条件の特殊性により困難なものを、区間を区切って「特定都市河川」として指定することができる（同法２条１項、３条１項、５項）。

　また、特定都市河川を指定するときには、あわせて「特定都市河川流域」を指定しなければならないところ（同法３条３項）、当該流域は、当該特定都市河川の流域であって、当該特定都市河川に係る区間が河口を含まない場合にあっては、その区間の最も下流の地点から河口までの区間に係る流域を除き、当該特定都市河川の流域内において河川に雨水を放流する下水道（特定都市下水道）がある場合にあっては、その排水区域（下水道法２条７号）を含むものである（特定都市河川浸水被害対策法２条２項）。

　特定都市河川及び特定都市河川流域が指定されたときは、当該特定都市河川の河川管理者、当該特定都市河川流域の区域の全部又は一部をその区域に含む都道府県及び市町村長並びに当該特定都市河川流域に係る特定都市下水道の下水道管理者は、共同して、特定都市河川流域における浸水被害の防止を図るための対策に関する計画である「流域水害対策計画」を定めなければならない（同法４条１項）。

　かかる流域水害対策計画には、特定都市河川流域における浸水被害対策の基本方針をはじめ、特定都市河川流域において都市浸水の発生を防ぐべき目標となる降雨、当該降雨が生じた場合に都市浸水が想定される区域及び浸水した場合に想定される水深、特定都市河川流域において当該特定都市河川の河川管理者が行う雨水貯留浸透施設の整備に関する事項、下水道管理者が行う特定都市下水道の整備に関する事項（汚水のみを排除するためのものを除く。）、下水道管理者が管理する特定都市下水道のポンプ施設（河川に下水を放流するためのものに限る。）の操作に関する事項、浸水被害が発生した場合における被害の拡大を防止するための措置に関する事項

のほか、広く浸水被害の防止を図るために必要な措置に関する事項等を定めることとされている（同法4条2項）。

　このように、特定都市河川浸水被害対策法は、特定都市河川流域における国や関連自治体間の連携、特に国や関連自治体における河川管理者と下水道管理者全体の連携を含む横断的な水害対策の実施を求めるものであり、自治体としては、当該特定都市河川流域に所在する他の自治体や国との緊密な連携のもと、実効性のある施策を展開すべきであるといえよう。

図表1-3　特定都市河川浸水被害対策法の概要

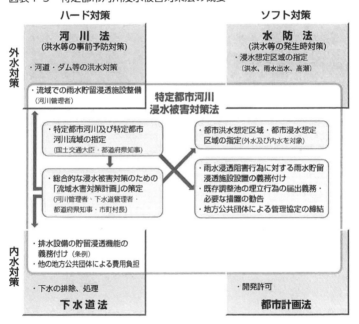

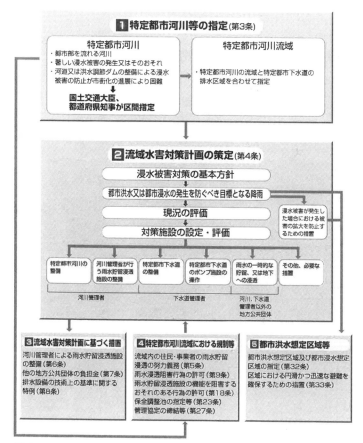

（出典：国土交通省ホームページ「特定指定都市河川浸水被害対策法の概要」「特定都市河川浸水被害対策法のスキーム」3頁・4頁より抜すい、https://www.mlit.go.jp/river/pamphlet_jirei/kasen/gaiyou/panf/tokutei/pdf/3 4.pdf)

（4）下水道の管理

　内水氾濫への対策、特に近年頻発している都市部における集中豪雨に起因する浸水被害への対策として重要な施策のひとつが、下水道の適切な管理である。

　ちなみに、都市部の特定都市河川流域においては、特定都市河川浸水被害対策法により、下水道管理者に対し、関連自治体及び河川管理者とも連携して、内外水氾濫に係る横断的な水害対策が求められていることは上述のとおりである。

　さて、公共下水道管理者である市町村は、公共下水道の構造を、公衆衛生上重大な危害が生じ、又は公共用水域の水質に重大な影響が及ぶことを防止する観点から、政令で定める技術上の基準に適合させるとともに、その管理する排水施設を補完する施設のうち、河川その他の公共の水域又は海域から当該排水施設への逆流を防止するために設けられる樋門又は樋管（以下あわせて「操作施設」という。）については、国土交通省令で定めるところにより、操作規則を定めなければならず、当該操作規則は、洪水、津波又は高潮の発生時における操作施設の操作に従事する者の安全の確保が図られるように配慮されたものでなければならないとされている（下水道法7条1項、7条の2第1項、第2項）。

　なお、以上の操作規則に関する規定は、流域下水道及び都市下水路にも準用されている（同法25条の30、31条）。

　そして、水害対策の観点から特に重要なのが、平成27年下水道法改正時に導入された、公共下水道における「浸水被害対策区域」の制度である。

　「浸水被害対策区域」とは、排水区域のうち、都市機能が相当程度集積し、著しい浸水被害が発生するおそれがある区域であって、当該区域における土地利用の状況からみて、公共下水道の整備のみによっては浸水被害の防止を図ることが困難であると認められるものとして、公共下水道管理者が条例で定める区域のことである（同法25条の2）。

　公共下水道管理者は、当該区域の指定を行うことにより、以下の3つの措置を講じることが可能になる。

　第1に、公共下水道管理者は、浸水被害対策区域における浸水被害の防止を図るために、排水設備（雨水を排除するためのものに限る。）が、下水道法10条3項の政令で定める技術上の基準を満たすのみでは十分でなく、雨水を一時的に貯留し、又は地下に浸透させる機能を備えることが必要であると認められるときは、政令で定める基準に従い、条例で、同項の技術上の基準に代えて排水設備に適用すべき排水及び雨水の一時的な貯留又は地下への浸透に関する技術上の基準を定めることができる（同法25条の2）。

　なお、この基準は建築基準関係規定（建築基準法施行令9条8号）に該当するため、対象となる排水設備の上記基準への適合性は、建築基準法に定める建築確認の対象となる（同法6条1項）。

　第2に、公共下水道管理者は、浸水被害対策区域において浸水被害の防止を図るため、浸水被害対策区域内に存する雨水貯留施設（政令で定める規模以上のものに限る。）を自ら管理する必要があると認めるときは、当該雨水貯留施設もしくはその属する施設の所有者、これらの敷地である土地の所有者又は当該土地の使用及び収益を目的とする権利を有する者としての雨水貯留施設所有者等との間において、管理協定を締結して当該雨水貯留施設の管理を行うことができる（下水道法25条の3第1項）。

　ただし、こうした管理協定の締結には、雨水貯留施設所有者等の全員の合意がなければならない点には留意が必要である（同法25条の3第2項）。

　第3に、浸水被害対策区域において、雨水を一時的に貯留し、又は地下に浸透させる機能を有する施設であって、浸水被害の防止を目的とする雨水貯留浸透施設の設置及び管理をしようとする者は、国土交通省令で定めるところにより、当該雨水貯留浸透施設の設置及び管理に関する計画（以下「雨水貯留浸透施設整備計画」という。）を作成し、公共下水道管理者の認定を申請することができる（同法25条の10第1項）。

　公共下水道管理者は、かかる申請を受けて、当該雨水貯留浸透施設整備計画が特定の基準に適合すると認めるときは、その認定をすることができ、当該認定を受けた者に対して、国又は公共下水道管理者である自治体は、

予算の範囲内で、認定計画に係る雨水貯留浸透施設の設置に要する費用の一部を補助することができる（同法25条の11、25条の15）。

　ちなみに、現時点（令和6年1月現在）における補助率は、国については認定計画に係る雨水貯留浸透施設の設置に要する費用の2分の1、自治体については当該自治体の定める割合とされているが、国の補助は自治体が上記費用の4分の1を目安に負担する場合に限るとされている点には留意が必要である（下水道法施行令17条の6、官民連携浸水対策下水道事業実施要綱（令和3年11月1日国水下事第29号、国土交通省水管理・国土保全局長通知）第6（1）ただし書）。

　なお、特定都市河川流域において雨水貯留浸透施設の設置をしようとする場合にも上記と同様の計画認定及び補助の制度がある（特定都市河川浸水被害対策法11条以下、同法施行令5条、官民連携浸水対策下水道事業実施要綱（前同通知第6（2））。

　以上のように、下水道管理者は、下水道に係る水害対策にあたっては、その構造を適切に保ち、洪水等の発生時における操作施設の操作に従事する者の安全の確保が図られるように配慮された操作施設の操作規則を定めるほか、浸水被害対策区域の指定及び当該指定に基づく上記各措置の活用を念頭に、民間事業者等に対しても水害対策の当事者としての参画を促しながら、地域ぐるみで浸水被害の防止に努めるべきであるといえるだろう。

（5）土砂災害への備え

　土砂災害について、基本的施策を類型化した場合、施設整備、情報提供、規制の3つに整理することが可能であるとされている（大橋洋一「土砂災害と法」、大橋洋一編『災害法』有斐閣、2022年、54頁。以下の記述（類型化・考え方の視点、規制法の種類など）は、同書を引用・参照してまとめている）。

①施設整備

　施設整備については、土石流など上流から流れる土砂を受け止め、貯まった土砂を少しずつ流すことにより下流に流れる土砂の量を調節する施

設である砂防堰堤や、山崩れ等による土砂流出の対策としての土留工等の設置が挙げられる。

　もっとも、施設整備は膨大な費用と長期にわたる時間を要し、また、土石流等の有する莫大なエネルギーを阻止するには限界があるため、情報提供・規制といった他の施策との組み合わせを通じて防災を図ること（多重防御）が重要である（大橋・前掲55頁）。

　施設整備に関し自治体において認識しておくべきは、防災施設の整備にかかる判例法理（最判昭和59年1月26日民集38巻2号53頁〔大東水害訴訟〕）である。なお、本裁判例の詳細については後述する（本章第4節「水害をめぐる裁判事例－事前準備へのフィードバック」76頁以下）。

　当該訴訟は、河川管理の瑕疵の有無を争点とする国家賠償請求訴訟であるが、土砂災害についても当てはまるものと考えられる。

　かかる判例法理の要点は、河川管理の特質に由来する財政的、技術的及び社会的諸制約によって通常予測される災害に対応する安全性を備えるに至っていない段階における、当該河川の管理についての瑕疵の有無である。

　過去に発生した水害の規模、発生の頻度、発生原因、被害の性質、降雨状況、流域の地形その他の自然的条件、土地の利用状況その他の社会的条件、改修を要する緊急性の有無及びその程度等諸般の事情を総合的に考慮し、前記諸制約のもとでの同種・同規模の河川の管理の一般水準及び社会通念に照らして是認し得る安全性を備えていると認められるかどうか、を基準として判断すべきであるという点にある。

　土砂災害の予防・被害軽減のための施設整備にあたっても、かかる判例法理に照らし、主に山地管理の特質に由来する財政的、技術的及び社会的諸制約を踏まえつつ、上記に列記された自然的、社会的諸条件や緊急性等を総合的に考慮し、的確な優先順位を定め、着実な整備を行う必要があるといえるだろう。

　なお、かかる判例法理においても、財産的制約、すなわち予算上の制約も勘案すべきひとつの事情として認められてはいるが、だからといって「予算がない」というだけで施設整備を行わないことが許容されているわ

けではないことには十分留意されたい（この点は上記判例法理全体に照らせば明らかであろう）。

②情報提供

　情報提供については、上述の土砂災害ハザードマップ（本節「2　情報提供・施設管理・行為規制　（1）ハザードマップ　②豪雨等に起因する土砂災害」12頁以下参照）のほか、土砂災害警戒情報や避難指示を発するもの等があるが、これらの点については後述する（第2章第2節「1避難情報と避難指示」110頁以下参照）。

③規制

　土砂災害の発生源対策としての行為規制を定める法律として、土砂災害防止法のほか、宅地造成及び特定盛土等規制法（盛土規制法）、砂防法、急傾斜地の崩壊による災害の防止に関する法律（急傾斜地法）、地すべり等防止法、建築基準法、農地法、森林法、廃棄物の処理及び清掃に関する法律（廃棄物処理法）等が存在し、行為規制措置が法定されているが、本書では、水害対策にかかわる代表的な法律として土砂災害防止法に係る行為規制を、また、令和3年7月の豪雨に起因して静岡県熱海市において発生した土石流災害を契機に法改正がなされた、盛土規制法に係る行為規制を取り上げることとする。

　1）土砂災害防止法

　市町村地域防災計画における警戒区域内にその名称及び所在地を定められた要配慮者利用施設の所有者又は管理者は、急傾斜地の崩壊等が発生するおそれがある場合における、当該要配慮者利用施設を利用している者の円滑かつ迅速な避難の確保を図るために必要な訓練その他の措置に関する計画を作成しなければならず、当該計画を作成・変更したときは、遅滞なく、これを市町村長に報告しなければならない（土砂災害防止法8条の2第1項、2項）。

　また、要配慮者利用施設の所有者等は、上記計画で定めるところにより、急傾斜地の崩壊等が発生するおそれがある場合における要配慮者利用施設利用者の避難訓練を行うとともに、その結果を市町村長に報告しなければ

ならない（同法8条の2第5項）。

　市町村長が要配慮者利用施設の所有者等から上記各報告を受けたとき
は、当該所有者等に対し必要な助言又は勧告をすることができる（同法8
条の2第6項）。

　さらに、市町村長は、要配慮者利用施設の所有者等が上記計画を作成し
ていない場合において、急傾斜地の崩壊等が発生するおそれがある場合に
おける、当該要配慮者利用施設を利用している者の円滑かつ迅速な避難の
確保を図るため必要があると認めるときは、当該要配慮者利用施設の所有
者等に対し、必要な指示をすることができ、要配慮者利用施設の所有者等
が、正当な理由なくその指示に従わなかったときは、その旨を公表するこ
とができる（同法8条の2第3項、4項）。

　警戒区域のうち、土砂災害警戒区域（イエローゾーン）については、上
述の宅地建物取引に係る規制がある（本節「2　情報提供・施設管理・行
為規制　（1）ハザードマップ　②豪雨等に起因する土砂災害」15頁）。

　これに対し、土砂災害特別警戒区域（レッドゾーン）については、同区
域で特定開発行為をしようとする場合は、都道府県知事の許可を受けるこ
とが義務付けられている（同法10条1項）。

　都道府県知事は、かかる特定開発行為について、土砂災害を防止するた
め自ら施行しようとする工事の計画などが安全を確保するための基準に適
合すると認められる場合に限り、許可をすることとされている（同法11
条、12条）。

　また、建築物の構造に関しては、居室を有する建築物の構造が土砂災害
の発生原因となる自然現象により建築物に作用すると想定される衝撃に対
して安全なものとなるよう、建築物の構造耐力に関する基準を定めるもの
とされており（同法24条）、居室を有する建築物について建築基準法に
基づく建築確認制度が適用される結果、建築主は、当該工事着工前に、そ
の計画が建築基準関係規定に適合するものであることについて、確認の申
請書を提出して建築主事の確認を受け、確認済証の交付を受けなければな
らない（同法25条、建築基準法6条）。

これらの許可や確認を受けずに特定開発行為をしたり居室を有する建築物を建築したりした場合には、刑事罰による制裁もある（土砂災害防止法38条1項1号、建築基準法99条1項1号）。

　さらに、都道府県知事は、急傾斜地の崩壊等が発生した場合には、土砂災害特別警戒区域（レッドゾーン）内に存する居室を有する建築物に損壊が生じ、住民等の生命又は身体に著しい危害が生ずるおそれが大きいと認めるときは、当該建築物の所有者等に対し、当該建築物の移転その他土砂災害を防止し、又は軽減するために必要な措置をとることを勧告することができる（土砂災害防止法26条1項）。

　なお、これらの勧告のうち、所有者等にとって影響の大きい移転については、融資制度（独立行政法人住宅金融支援機構法13条1項6号、2条5項、同法施行令2条3号）や補助金制度（社会資本整備総合交付金交付要綱（令和6年3月29日最終改正）附属第Ⅱ編第1章イ－16－（12）－③がけ地近接等危険住宅移転事業）があるため、勧告にあたっては適宜の案内や活用を念頭に置いておくべきであろう。

　2）盛土規制法

　令和3年7月の豪雨に起因して静岡県熱海市において発生した土石流災害を契機に法改正がなされた盛土規制法は、土地の利用区分にかかわらず盛土等の規制を全国一律に行うものである（大橋・前掲92頁）。

　規制区域については、従前の宅地造成等規制法の下での規制区域を基礎に、森林や農地であっても人家等があり土砂災害の危険のある区域を新たに取り込むほか（大橋・前掲93頁。同法2条）、宅地造成等工事規制区域（同法10条1項）以外の区域であっても、土地の傾斜度、渓流の位置その他の自然的条件及び周辺地域における土地利用の状況その他の社会的条件からみて、当該区域内の土地において特定盛土等（同法2条3号）又は土石の堆積（同法2条4号）が行われた場合には、これに伴う災害により市街地等区域（同法10条1項）その他の区域の居住者等の生命又は身体に危害を生ずるおそれが特に大きいと認められる区域を「特定盛土等規制区域」として規制区域に含めることが可能となっている（同法26条）。

　規制区域については、まず、規制区域の候補区域を設定し、基礎調査を
経て指定が行われることになるが、このあたりの手順や留意事項について
は、国土交通省ほか作成の「基礎調査実施要領（規制
区域指定編）」（令和5年5月）及び「基礎調査実施要
領（規制区域指定編）の解説」（令和5年5月）に詳し
いので、これらを参照されたい。

（いずれも国土交通省HP）

　また、盛土は従前のように宅地造成目的に限定されず、農地や森林にお
ける盛土も含まれ（上記「特定盛土等」）、土捨てその他の一般的な土石の
堆積行為についても、工事の許可や改善命令等の規制対象となる（同法
12条、30条1項（以上、工事の許可）、23条1項、42条（以上、改善

図表1-4　規制区域の候補区域の設定手順

宅地造成等工事規制区域	特定盛土等規制区域
（1）市街地等区域の抽出	**（1）盛土等に伴う災害により居住者等の生命又は身体に危害を生ずるおそれが特に大きいと認められる区域の抽出**

①市街地・集落等の抽出
②市街地・集落等に隣接・近接する土地の区域の抽出

市街地・集落等のほか、市街地・集落等以外の保全対象を抽出の上、以下を実施
①盛土等の崩落により流出した土砂が、土石流となって渓流等を流下し、保全対象の存する土地の区域に到達することが想定される渓流等の上流域の抽出
②盛土等の崩落により隣接・近接する保全対象の存する土地の区域に土砂の流出が想定される区域の抽出
③その他の区域の抽出
　土砂災害発生の危険性を有する区域、過去に大災害が発生した区域等の抽出

（2）（1）から、盛土等に伴う災害が発生する蓋然性のない区域の除外

（3）地形的条件等を勘案した宅地造成等工事規制区域・特定盛土等規制区域の候補区域の設定（各候補区域を比較し、必要に応じて修正）

（出典：国土交通省ホームページ「『宅地造成及び特定盛土等規制法』（通称『盛土規制法』について）」施行通知（技術的助言）【添付資料】（別添1）「基礎調査実施要領（規制区域指定編）」5頁、https://www.mlit.go.jp/toshi/web/content/001611432.pdf）

図表1-5　規制区域の指定手順

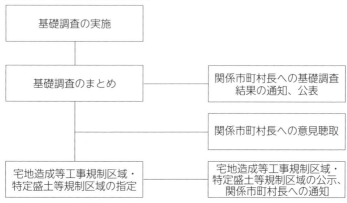

（出典：前同7頁、前同）

命令））。

　具体的には、規制区域内において新たな盛土工事をしようとする工事主は、その工事に着手する前に都道府県知事の許可を受けなければならない。

　都道府県知事による許可基準については、国土交通省作成の「盛土等防災マニュアル」（令和5年5月）を踏まえて策定することになろう。

（国土交通省HP）

　許可後の工事の実施についても、中間検査、完了検査、定期報告からなる監督検査体制が採用されている（同法18条、37条（以上、中間検査）、17条、36条（以上、完了検査）、19条、38条（以上、定期報告））。

　また、既存の盛土も含め、規制区域内の土地で、宅地造成や特定盛土等に伴う災害の防止のため必要な擁壁等が設置されておらず、もしくは極めて不完全であり、又は土石の堆積に伴う災害の防止のため必要な措置がとられておらず、もしくは極めて不十分であるために、これを放置するときは、宅地造成、特定盛土等又は土砂の堆積に伴う災害の発生のおそれが大きいと認められるものがある場合においては、その災害の防止のため必要であり、かつ、土地の利用状況その他の状況からみて相当であると認めら

れる限度において、都道府県知事が、当該規制区域内の土地又は擁壁等の所有者、管理者又は占有者に対して、相当の猶予期限を付けて、擁壁等の設置もしくは改造、地形もしくは盛土の改良又は土石の除却のための工事を行うことを命ずる、いわゆる改善命令の対象となる。

改善命令に従わない場合には、行政代執行による当該改善命令の実現が想定されているほか、刑事罰の定めもある（同法56条3号）。

刑事罰についていえば、無許可による盛土工事の実施もその対象とされており、実効性の確保のため、その上限は相当高い（関連行為者について3年以下の懲役又は1,000万円以下の罰金。また、法人に係る両罰規定として、違反行為をした法人について3億円以下の罰金（同法55条1項、2項、60条1号））。

これらの行政代執行や刑事罰に関しては、その要件や進め方（刑事罰については告発の手順等）について、国土交通省作成の「不法・危険盛土等への対処方策ガイドライン」（令和5年5月）に詳しいので参照されたい。

（国土交通省HP）

以上のように、法改正後の盛土規制法によって、豪雨等に起因する土砂災害に対応するための規制の強化（規制区域の設定、工事の許可、検査、報告、擁壁等の所有者等に対する改善命令）や違反に係る厳格な刑事罰の定めがなされたことにより、土砂災害を未然に防止するための強力な法的手段が整備された。

こうした法改正の背景に照らしても、自治体には、同法の積極的活用による水害（豪雨等に起因する土砂災害）の未然防止が求められているといえよう。

なお、この点に関しては、「法律の改革とその執行の改革は、必ずしも連動しない」とし、「これまでも不法盛土に対して自治体職員が指導を繰り返し、業者が曖昧な態度を続けるうちに盛土の堆積が進み、崩落を生じた実例が報告されている」として、「盛土規制法の目的を達成するためには、『毅然とした改善命令発令』、『躊躇なき改善命令発令』が不可欠である」との見解があることに留意すべきであろう（大橋・前掲96頁）。

（6）避難確保計画への助言・勧告

　水防法、土砂災害警戒区域等における土砂災害防止対策の推進に関する法律、及び津波防災地域づくりに関する法律では、被災のおそれのある地域において、市町村地域防災計画に定められた要配慮者利用施設等の所有者又は管理者に「避難確保計画」を作成し、避難訓練を実施することが義務付けられている（水防法15条の3第1項、5項、土砂災害防止法8条の2第1項、5項、津波防災地域づくりに関する法律71条1項、2項）。

　国土交通省では、要配慮者利用施設における避難確保計画の作成の一助として、洪水・内水・高潮、土砂災害、津波の災害別に分かれていた手引きを統合して、「避難確保計画作成の手引き　解説編」を改定・公表している。
国土交通省HP

　市町村においては、各施設から報告のあった避難確保計画の内容を確認し、改善等の必要がある場合には、当該計画を報告した施設管理者等に対して、改善点等について適切に助言・勧告をすることが求められる（水防法15条の3第6項、土砂災害防止法8条の2第6項、津波防災地域づくりに関する法律71条3項）。

　ハザードマップをはじめとする災害リスクについては市町村の土木部局、要配慮者の支援については福祉部局、避難情報等の具体的対応については防災・危機管理部局がそれぞれ主な役割を担うことが想定される。

　市町村において、上記助言・勧告に係る実務を適切に実施するためには、これらの部局の縦割りを平時から排して、常時情報交換をしながら連携体制を構築しておくことが不可欠である。

〔参考文献〕

・大橋洋一「Ⅱ　土砂災害と法」、田代滉貴「Ⅲ　豪雨災害と法」、大橋洋一編『災害法』有斐閣、令和4年

・村中洋介「第7章　水害に関する法制度」「第10章　土砂災害に関する法制度」、『災害行政法（第2版）』信山社、令和6年

3 水害対策とまちづくり

　これまで述べてきた水害対策としての情報提供・施設管理・行為規制は、「現在のまち」の姿を前提としたものといえるが、自治体としては、そこからさらに踏み込んで、水害リスクを踏まえた「未来のまち」の構築、すなわち、「防災まちづくり」への展開を意識することが重要であろう。

　この点については、国土交通省作成の「水災害リスクを踏まえた防災まちづくりのガイドラン」（令和3年5月。以下「防災まちづくりガイドライン」という。）が参考になる。

（国土交通省HP）

　以下においては、防災まちづくりガイドラインを概説する形で、自治体が取り組むべき防災まちづくりについて述べる。

　防災まちづくりガイドラインは、国土交通省の都市局、水管理・国土保全局及び住宅局が協働して設置した「水災害対策とまちづくりの連携のあり方」検討会が取りまとめた提言に基づき、各地域の都市及び河川事務所の協力を得てケーススタディを実施した上で、水害ハザード情報の充実や水害リスクを踏まえた防災まちづくりを進める考え方・手法を示すため作成されたものである。

　防災まちづくりの取組主体としては、主に市町村が実施者として想定されており、国や都道府県をその協力者として想定した上で、これらの実施者及び協力者が連携して取り組むことが重要とされている。

　防災まちづくりガイドランでは、水害リスクを踏まえた防災まちづくり検討のプロセスについて、ハザードの発生頻度とその規模、それによって生じる災害との関係を多段的に捉え、当該地域が抱えるリスクの性質を理解した上で、総合的・多層的に対策を講じていくことが必要であるとし、以下のプロセスに則って実施することが想定されている。

　1）ハザード情報を整理し、防災まちづくりの検討に必要な多段的な
　　　ハザード情報を充実させる。

　2）それらのハザード情報をもとに、地域ごとに水災害リスクの評価を
　　　行い、防災まちづくりの方向性を検討する。

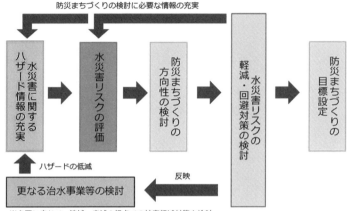

図表1-6　水災害リスクを踏まえた防災まちづくり検討の流れ

防災まちづくりの検討に必要な情報の充実

ハザード情報に関する水災害の充実 → 水災害リスクの評価 → 防災まちづくりの方向性の検討 → 水災害リスクの軽減・回避対策の検討 → 防災まちづくりの目標設定

ハザードの低減

更なる治水事業等の検討 ← 反映

※必要に応じて、流域・広域の視点での被害軽減対策を検討

（出典：国土交通省『水災害リスクを踏まえた防災まちづくりのガイドライン』令和3年、5頁、https://www.mlit.go.jp/report/press/content/001406357.pdf）

3）水災害リスクの評価内容に応じて、当該リスクを軽減又は回避する対策を検討し、防災まちづくりの目標を設定する。その際、新たなハザード情報が必要となった場合には、更なる情報の充実を図る。

4）まちづくりにおける防災・減災対策では地域の水害リスクの軽減に限界がある場合には、治水部局において水害ハザードを軽減させるために更なる治水対策等の取組みを検討する。

　また、地域の水害リスクの状況により、一市町村の区域を越えた流域・広域の視点から検討・調整が必要な場合も考えられる。

　防災まちづくりガイドラインでは、以上のプロセスに沿って、まず、防災まちづくりに活用できる水害に関するハザード情報について、洪水（外水）、雨水出水（内水）、高潮、土砂災害等の各ハザードが引き起こす被害の傾向や、既に整備・公表されているハザード情報、防災まちづくりの検討の充実を図るために新たに求められているハザード情報の紹介・解説がなされている。

　続いて、地域における水害リスク評価について、評価の必要性からその手法まで、水害リスクの因子を含めて解説されている。

　ここでいう水害リスクの因子には、大きくハザード（人命の損失や財産の損害等を引き起こす可能性のある危険な自然現象）、暴露（ハザードの影響を受ける地帯に存在し、その影響により損失を被る可能性のある人口、財産、システム、その他の要素）、脆弱性（ハザードによる地域社会、システム、資産等の単位暴露量当たりの被害の受けやすさ）の3つがあるとし、これらの因子を勘案し、地域ごとに水害リスクを客観的に評価した上で、防災まちづくりの方向性や水害リスクの軽減又は回避対策の検討につなげることが重要であるとしている。

　これらの因子を勘案した水害リスクの評価式のイメージは図表1-7のとおりである。

　こうした水害リスクの評価に、都市構造、都市機能上の必要性、都市の歴史的な形成過程、都市計画の内容及びマスタープラン等における位置付け、近年の動態（人口動態、経済動態、空地・空家の動態等）等を勘案して、防災まちづくりの方向性を定めることが想定されている。

　そして、水害リスクが存在する区域については、当該リスクを可能な限り避けることを原則としつつ、上記の考慮要素、すなわち都市の構造や歴史的な形成過程、人口や土地利用の動向等を踏まえ、地域の持続可能性、暮らしの豊かさ、快適性等の様々な観点からのまちづくり全体との総合的なバランス、リスクの大きさに対する都市的土地利用（土地を居住、商業若しくは工業又は交通、物流、インフラ供給等の事業の用に供すること。「防災まちづくりガイドライン」5頁。）を継続していくことの意義等を考慮し、防災まちづくりの方向性を決定することが想定されている。

　その中では、水災害リスクが存在する区域ごとに、①都市機能上の必要

図表1-7　水害におけるリスクの評価式のイメージ

$$\boxed{水災害リスク} = \left[\boxed{ハザード} \times \boxed{発生確率}\right] \times \boxed{暴露} \times \boxed{脆弱性}$$

（出典：前同42頁、前同）

41

性等を勘案し、水災害リスクを軽減し、あるいはこれ以上増加させない対策を講じながら都市的土地利用を続けるか、②残存する水災害リスクが大きいことが見込まれ、都市的土地利用を避けるかの方向性を検討する必要があるとされ、また、水災害リスクが低い地域についても、ハザードの大小や、現状及び将来的な土地利用の状況を踏まえ、新たにリスクを増加させないよう防災まちづくりの方向性を検討することが重要であるとされている。

そうして決定された防災まちづくりの方向性の実現のため、水災害リスクが存在する区域について、河川管理者、下水道管理者、海岸管理者、砂防施設等管理者及び都道府県と協働して、地域住民の理解を得ながら、水災害リスクを軽減又は回避するための対策を総合的に検討することとされている。

上述の通り、水害リスクはハザード、暴露及び脆弱性によって評価されることから、水害リスクを小さくするには、これらのハザード、暴露及び脆弱性を小さくしていく方策を検討することになる。

具体的には、都市的土地利用を続けることとした地域については、脆弱性を小さくする対策を実施した上で、リスクの軽減に限界がある場合にはハザードを軽減する更なる治水対策等を実施し、都市的土地利用を避けることとした地域については、脆弱性を小さくする対策（主に避難）を併用しながら暴露を小さくする対策を実施していくことが想定されている。

なお、地域の特性や水災害リスクの大小、取り得る対策の費用対効果・効果発現時期等は、「都市的土地利用を続ける」か「都市的土地利用を避ける」かの判断を行う上で重要な要素となることから、必要に応じて、防災まちづくりの方向性（都市的土地利用の継続の可否）を見直すことも考えられるとされている。

また、水災害リスクの因子であるハザード、暴露及び脆弱性を小さくするための対策として、主に図表1-8のようなものが考えられるとし、河川整備計画に基づく治水事業等の進捗を踏まえて、地域の水害リスクや水害を引き起こす洪水などの水の挙動、河川・流域の特性に応じて適切に組

図表1-8　防災まちづくりの対策メニューの例

対策種別	対策メニュー（短期）	対策メニュー（中長期）
脆弱性を小さくする対策	・避難路・避難施設の確保 ・避難体制の強化 ・建築物の浸水対策（新規に建築される場合、既存建築物の簡易的な対策（止水板の設置等）） ・開発許可基準の強化（新規の開発行為）	・建築物の浸水対策（既存建築物の建替え等の際に推進） ・面的な土地の対策
暴露を小さくする対策	・建築、開発行為の禁止（新規に建築、開発される場合）	・居住、都市機能の立地誘導 ・移転
ハザードに対する対策	・雨水貯留浸透施設の設置 ・緑地、農地の保全	・二線堤、輪中堤の整備　等

（出典：前同65頁、前同）

み合わせること、その際、対策に要する時間、緊急性、費用対効果及び対策の優先順位を考慮の上、ハード・ソフト対策を効果的に組み合わせることが重要であるとしている。

　そして、水災害リスクの軽減又は回避対策を計画的に実行していくためには、防災まちづくりの目標を設定することが重要であるとし、目標期間について、都市計画では概ね20年後の都市の姿を展望することとしているのに対し、河川整備計画では20〜30年後の河川整備の目標を明確にするとしており、両者の計画期間及び取組内容の進捗度を意識しつつ、例えば、都市計画の計画期間に合わせて概ね20年後を目処に、短期（概ね5年程度）、中期（概ね10年程度）も含め、段階的に設定することが考えられるとする。

　最後に、防災まちづくりの推進にあたっては、河川側からまちづくり側へ、また、まちづくり側から河川側への双方向の調整を意識しながら、治水、防災、都市計画、建築その他の関係する各分野の担当部局が連携するとともに、地域住民や民間事業者それぞれの意識の共有が必要であり、関係者が情報共有・連携を図るための場をつくるなど、新しい議論の体制、

合意形成の体制が必要であるとされている。

　以上、自治体が取り組むべき防災まちづくりについて、防災まちづくりガイドラインをベースに述べてきたが、同ガイドラインでは、上述のような考え方に基づいて、実際にどのような施策が考えられるかが図解や写真なども含めて具体的かつ丁寧に紹介・解説されている一方、全体としてコンパクトにまとめられており（全76頁）、読解にそれほどの時間を要するものでもないので、自治体職員としては、文字通り防災まちづくりのガイドラインとして、積極的な活用が望まれる。

　近年、深刻な水害の発生が頻度を増している中、自治体においては、「今」水害が発生した場合の対策ももちろん重要であるが、より根本的な水害対策として、水害予防施策、すなわち防災まちづくりが果たすべき役割は極めて大きいといえる。

　筆者は、防災まちづくり推進の要となるのは、「精度の高いハザード情報」と「自治体内部及び自治体間並びに国・都道府県・市町村の横断、広域、多層にわたる組織的対応」であると考えている。

　現在の自治体ではいわゆる縦割り行政が色濃く残っており、また、近隣自治体との連携も限定的である点を踏まえると、特に後者は大きな課題になり得る。

　こうした課題への対処には、防災担当部門だけでなく、首長をはじめとする自治体上層部の強力なリーダーシップが不可欠であると考えられる。

　本書は、主として自治体の防災担当部門の職員を読者として想定しているが、同職員としては、防災まちづくり実現に向けて、いかに首長その他の上層部に動いてもらうかを意識する必要があるだろう。

4 指定緊急避難場所と避難所の指定・運営準備

（1）指定緊急避難場所の指定

　災害の危険が切迫した場合における居住者等の安全な避難先を確保する観点から、市町村長は、災害の危険が及ばない施設又は場所を、洪水、津

波等の災害の種類ごとに、「指定緊急避難場所」として指定することとされている（災対法49条の4第1項）。

　災害からの避難場所としては、例えば山間部にある施設について、洪水から避難する場合は適切であっても、土砂災害からの避難には適していないというように、およそあらゆる種類の災害からの避難場所として適当とはいえない場合があることから、「災害の種類ごとに」避難場所を指定すべきこととされている点には留意が必要である。

　なお、かかる指定緊急避難場所は、あくまで居住者等が災害から命を守るために緊急的に避難する施設又は場所であって、避難した居住者等が災害の危険がなくなるまで一定期間滞在し、又は災害により自宅へ戻れなくなった居住者等が一時的に滞在する施設である「指定避難所」（後述）とは異なる点にも留意が必要である。

　例えば指定緊急避難場所は、体育館や公民館といった施設に限らず、高台にある公園や広場といったオープンスペースや駐車場、グラウンド等の場所を指定することが可能であるが、こうした公園や広場などは発災後に一定期間滞在する場としては必ずしも適切ではない場合があり、災害の危険が去った後、当該災害により自宅が損壊している場合等においては、居住者等が指定緊急避難場所から指定避難所へ移動する必要が生じることがあるということである。

　ただし、場合によって、指定緊急避難場所と指定避難所を兼ねることは可能である（災対法49条の8）。

　また、当該市町村において、公共施設だけでは十分な避難場所を確保することが困難である場合は、民間事業者が所有する施設や個人宅の敷地等を指定することによって、避難場所を確保することを検討しなければならないが、その場合は当該施設管理者や所有者から同意（代表的手法として協定の締結が挙げられる。）を得なければならない点には留意が必要である（災対法49条の4第2項）。

　指定緊急避難場所の指定基準については、災害対策基本法施行令20条の3において定められているところ、水害にかかわるものとしては、いわ

ゆる管理条件（災対法施行令20条の3第1号、災対法施行規則1条の3）と立地条件（災対法施行令20条の3第2号）を満たす必要があり、立地条件を満たさない場合は、管理条件と構造条件（災対法施行令20条の3第2号ただし書、災対法施行規則1条の4）を満たす必要がある。

　なお、これらの基準は、地震を対象とする基準とは異なる点には留意が必要である。

　管理・立地・構造の各条件の趣旨やポイント、参考となる基準の例については、内閣府作成の「指定緊急避難場所の指定に関する手引き」（平成29年3月）に詳しいので、担当職員としては、同手引きを参考に指定緊急避難場所の指定を行うことになろう。

（内閣府HP）

　市町村長は、指定緊急避難場所を指定したときは、その旨を都道府県知事に通知するとともに、公示しなければならず（災対法49条の4第3項）、また、防災マップ等の印刷物の配布や自治体のウェブサイト等の利用によって、居住者等に周知しなければならない（災対法49条の9、災対法施行規則1条の8）。

　なお、国土地理院が管理するウェブ地図である「地理院地図」では、市町村等から国土地理院に情報提供された全国の指定緊急避難場所に係る位置情報（住所）、施設名及び対応している災害の種類に関する情報が閲覧可能である。

（国土地理院HP）

　これらの地図は、住民に対する指定緊急避難場所に係る周知手法の一環となり得るものであって、住民の便宜にかなうものであり、筆者が実際に利用した限りでは使い勝手もよいので、自治体において、国土地理院に指定緊急避難場所に係る情報の提供を行っているか確認し、情報の変更があったにもかかわらずアップデート情報の提供を行っていない場合には、速やかに国土地理院に関連情報を提供したうえで、住民に対してもこれらの地図を、自治体の広報誌等を通じて定期的に紹介すべきであろう。

　市町村には、適切かつ十分な避難場所の指定を実施し、防災マップ、自治体のウェブサイト、国土地理院の地図等を通じて住民に情報提供を行うことはもちろんのこと、例えば平成26年8月豪雨により発生した広島土

砂災害において、土砂災害に適さない避難先に避難した居住者が被災し亡くなるという事案が発生していることに照らせば、住民に対する防災訓練や防災教育等を通じて、災害の種類ごとに指定緊急避難場所が異なることや、指定緊急避難場所と指定避難所との違い等に関する認識・理解の浸透を図り、指定緊急避難場所制度の実効性を高めることもあわせて求められているといえよう。

（2）避難所の指定

　市町村長は、被災者が避難のために必要な期間又は居所の確保のため一時的に滞在する施設である避難所の確保を図るため、一定の基準に適合する公共施設その他の施設を、指定避難所としてあらかじめ指定し、都道府県知事に通知するとともに、公示しておかなければならない（災対法49条の7第1項、2項、49条の4第3項）。

　ただ、広域にわたる洪水のような大規模な水害が発生した場合、公共施設を避難所とするだけでは被災者を収容しきれないおそれがあり、また、地域によっては避難所として適当な公共施設が存在しない場合も想定される。

　そこで、市町村としては、民間事業者が所有する施設を指定することによって、避難所を確保することを検討しなければならないが、その場合に当該施設管理者から同意（代表的手法として協定の締結が挙げられる。）を得なければならない点については、指定緊急避難場所の指定と同様であるので、この点留意が必要である（災対法49条の7第2項、49条の4第2項）。

　指定避難所の指定基準としては、①必要かつ適切な規模のものであること、②被災者を速やかに受け入れ、又は生活関連物資を被災者に配布することが可能な構造又は設備を有するものであること、③想定される災害による影響が比較的少ない場所にあるものであること、④車両その他の運搬手段による輸送が比較的容易な場所にあるものであること、⑤主として高齢者、障害者、乳幼児その他の特に配慮を要する者（要配慮者）を滞在さ

せることが想定されるものにあっては、要配慮者の円滑な利用の確保、要配慮者が相談し、又は助言その他の支援を受けることができる体制の整備その他の要配慮者の良好な生活環境の確保に資する事項について、一定の基準に適合するものであること、が挙げられている（災対法施行令20条の6第1号～5号）。

　上記①から④の要件を満たす施設は「指定一般避難所」、上記①から⑤の要件を満たす施設は「指定福祉避難所」と呼ばれる（災対法施行規則1条の7の2）。

　このうち、指定福祉避難所については、指定して公示すると、受入れを想定していない被災者が避難してくるとの懸念があることを踏まえ、令和3年5月の災害対策基本法施行規則の改正により、指定福祉避難所ごとに受入対象者を特定し、本人とその家族のみが避難する施設であることを公示する制度が創設されている（災対法施行規則1条の7の2第2項）。

　こうした制度の創設を踏まえ、市町村としては、既存の指定避難所であって指定福祉避難所としての要件を満たすもの又は今後の指定福祉避難所の指定にあたり、受入対象者を当該避難所の施設管理者と調整の上で特定して、速やかに公示すべきである。

　以上の点を含む福祉避難所の確保については、内閣府（防災担当）による「福祉避難所の確保・運営ガイドライン」（平成28年4月（令和3年5月改定））に詳しいので、担当職員としては、同ガイドラインを参考に事前準備を進めることが求められる。

(内閣府HP)

　なお、指定避難所については、公示のほか、指定緊急避難場所のような住民への周知に必要な措置を講じる市町村長に対する努力義務の定め（災対法49条の9）はないが、円滑な避難のためには指定避難所に係る周知活動も不可欠であるといえる。

　したがって、市町村が作成する防災マップ等の周知媒体には、指定緊急避難場所に加え、指定避難所の記載も含めるのが相当であろう。

　ただし、上述の通り、「指定緊急避難場所」と「指定避難所」は、その趣旨・目的が異なることから、防災マップ等を確認する住民に対し、この

点に関する混乱が生じないようにするため、周知媒体に係る表示上の工夫
や解説の記載等が求められるといえる。

（3）避難所の運営準備

①組織体制の構築

　内閣府作成の「避難所における良好な生活環境の確保に向けた取組指針」
（平成25年8月（平成28年4月、令和4年4月改定）。以下「内閣府避
難所指針」という。）によれば、避難所の運営責任者については、
発災直後は施設管理者や市町村職員が担い、最終的には避難者
による自主的運営に移行することが想定されている。

（内閣府HP）

　また、発災直後から当面の間の運営責任者については、交替ができる体
制に配慮することとされている。

　以下においては、内閣府避難所指針を概説する形で、避難所の運営準備
のうち、組織体制の構築について述べる。

　避難所運営に係る組織体制の構築については、まず、平時から市町村の
防災関係部局、福祉関係部局及び保健衛生関係部局が中心となり、男女共
同参画部局等の関係部局が協力して、要介護高齢者、障害児者、医療的ケ
アを必要とする者、妊産婦、乳幼児、アレルギー等の慢性疾患を有する者、
外国人等や在宅者への支援も視野に入れて連携し、避難所についての災害
時の対応や役割分担などについて、あらかじめ決めておくことが重要であ
るとする。

　また、各避難所の運営について、あらかじめ運営責任者を決定しておく
ほか、市町村が中心となり、学校等施設の管理者、自治会・自主防災組
織・ボランティア等との間で、平時から避難所運営委員会（仮称）を設置
し、避難所運営会議を開催するなど日頃からの協力関係を構築しておくこ
と、及び避難所運営に関する委員会や会議には女性の参画を促進すること
が望ましいとされている。

　次に、災害が発生し、又は発生するおそれのある場合には、巾町村の職
員が決められた場所に自発的に参集できる体制を整備し、一方で、市町村

の職員であっても、災害時、自らの被災状況や、夜間・休日であるなどの理由により、早急にかけつけられない可能性もあるため、それを前提として、地域住民等関係者・団体と避難所の鍵の管理や避難所の開設方法について事前に取り決めておくといった、要員の確保等に関する事項の決定が必要とされている。

そのうえで、平時から、市町村の職員に対し、災害時を想定した参集訓練や、迅速かつ的確に避難所生活の支援を実施することができるようにするための感染症対策を含めた実践的な研修・訓練を、また、避難所の運営管理者となり得る者に対し、様々な要配慮者の特性と、それに応じた接し方にかかわる研修をそれぞれ実施することが求められるとされている。

②救援物資の備蓄

避難所運営の事前準備としては、運営に係る組織体制の構築のほか、特に、被災者向け救援物資の備蓄の実施が重要である。

特に、広域にわたる洪水のような大規模な水害や、山間部における土砂災害に起因する特定集落の孤立等が生じた場合、段階的には発災後の各種組織による輸送により救援物資が充実していくことが想定されるが、状況によっては速やかな救援物資の供給が困難であることもあり得るため、市町村としては、避難所に十分な救援物資が届くまでの間、被災者に対する最低限の救援物資を備蓄しておく必要がある。

この点については、内閣府による「避難所運営ガイドライン」（平成28年4月（令和4年4月改定））が参考になる。

（内閣府HP）

当該ガイドラインによれば、避難所における備蓄物資として確保すべきものとして、①障害者、外国人向けの案内掲示等、②毛布・飲料水・非常食・簡易ベッド、③携帯トイレ、簡易トイレ、衛生用品、④女性用品や乳幼児用品等、女性や妊産婦・乳幼児・子育て家庭等のニーズを踏まえた物資、⑤投光器、発電機等の明かり、電源と燃料、⑥雨よけ、敷物、囲い等に活用可能なブルーシートが挙げられているが、これらに限らず、地域の特性や慣習も踏まえ、最大限可能な範囲で被災者の支援に必要な物資の備蓄を実施すべきであるといえる。

　なお、当該ガイドラインは、救援物資の備蓄に限らず、上述の組織体制の構築を含め、市町村が平常時から実施すべき避難所の運営体制の確立全般についてチェックリスト形式でまとめられているので、積極的に活用してほしい。

③感染症対策

　令和2年以降の新型コロナウイルス感染症のまん延をきっかけとして、避難所における感染症対策が不可欠となった。

　内閣府は、「新型コロナウイルス感染症対策に配慮した避難所開設・運営訓練ガイドライン（第3版）」（令和3年）、「新型コロナウイルス感染症に配慮した避難所運営のポイント（第2版）」（令和3年）、「新型コロナウイルス感染症を踏まえた災害対応のポイント（第1版）」（令和2年）等を策定し、新型コロナウイルスを念頭に置いた避難所における感染症対策について実務運用上の指針を示している。

　ところで、上記ガイドライン等で想定していた新型コロナウイルス感染症については、令和5年5月から感染症の予防及び感染症の患者に対する医療に関する法律上の位置付けが「5類感染症」に変更されたことに伴って、関係部局間での新型コロナウイルス感染症患者に関する情報共有や避難所における新型コロナウイルス感染症の感染対策に関し、一定の運用変更がなされることとされており、かかる変更内容については、「新型コロナウイルス感染症の感染症法上の位置づけの変更に伴う避難所における新型コロナウイルス感染症の感染対策等について」（令和5年4月28日府政防第704号等、内閣府政策統括官（防災担当）付参事官（避難生活担当）等通知）に取りまとめられているので、上述のガイドライン等を確認する際にあわせて参照されたい。

（内閣府HP）

　いずれにしても、上述のガイドライン等で感染症対策の事前準備として示されている、可能な限り多くの避難所の開設、ホテル・旅館等の活用、国の研修所、宿泊施設等の貸出、親戚や知人の家等への避難、自宅療養者等の避難の検討、避難所開設・運営訓練の実施といった事項や、避難所のレイアウト例、感染症に配慮した救援物資の配布、トイレ・浴室の感染症

対策等については、感染症対策のみならず、被災者の生活環境を改善するためにも重要な事項であることから、今後も引き続き参考にされるべきものであるといえよう。

5 自治体組織の業務継続計画

　業務継続計画とは、災害時に行政自らも被災し、人、物、情報等利用できる資源に制約がある状況下において、優先的に実施すべき業務（非常時優先業務）を特定するとともに、業務の執行体制や対応手順、継続に必要な資源の確保等をあらかじめ定め、地震等による大規模災害発生時にあっても、適切な業務執行を行うことを目的とした計画をいう。

　この計画は民間事業者では「事業継続計画」（BCP）といわれ、しばしば自治体も「自治体BCP」と表現される。自治体BCPの整備は、内閣府（防災担当）「大規模災害発生時における地方公共団体の業務継続の手引き」（令和5年5月）に基づき定期的に見直すことが必須である。また、自治体BCPの不備が職員や市民の生命、健康、財産を脅かすことになれば、実質的には組織全体の安全配慮義務の懈怠を問われ、国家賠償法に基づく損害賠償責任を問われることになる。

　なお、自然災害に起因して行政機関等の安全配慮義務違反（国家賠償責任や損害賠償責任）が争点となった裁判例の分析や、そこから導き出されるBCPに反映すべき教訓等については『災害復興法学Ⅱ』（岡本正著、慶應義塾大学出版会、平成30年）、『災害復興法学Ⅲ』（岡本正著、慶應義塾大学出版会、令和5年）に詳しい。

　水害にも大きく分けて洪水害、浸水害、土砂災害があり、その原因やもたらされる被害にも大きな差がある。一方で水害は、気象情報によりその原因となる気象の発生の蓋然性や危険度をある程度の段階（数日前～数時間）から予測できる場合が多く、自治体BCPを策定しこれに基づく訓練を実施することで、業務継続の円滑化に目に見えた効果を生む。

　なお、自治体BCPは、地域防災計画（本書第1章第1節1）を補完す

る役割を果たすが、必ずしも独立した計画書を二重三重に用意する必要はなく、日常業務から非常時優先業務へと切り替えるためのルールが地域防災計画と矛盾することなく記述され、いざというときに自動的にトリガーが引ける状況になっていればよい。

中央防災会議「大規模水害対策に関する専門調査会」（平成22年4月）が示した「大規模水害対策に関する専門調査会報告　首都圏水没〜被害軽減のために取るべき対策とは〜」は、自治体BCPが想定すべき場面をわかりやすく示しており、自治体BCP策定や見直しの際に有益である。

例えば洪水害を例にとり、①気象予報を伴う数日前の段階、②注意報・警報等を伴う降水量増大の段階、③避難情報等を伴う越水・堤防の決壊（洪水の開始）の段階、④氾濫流が拡大する段階、⑤洪水の収束する段階、⑥水が引く（〜数週間）段階、⑦地域復興・生活再建の段階（数年〜）、という場面ごとの留意点一覧が掲載されているなど参考になる（ただし、避難情報については法改正前の古い表現が残るので留意が必要である。現在の避難情報の仕組みについては第2章第2節1参照）。

また、国土交通省九州地方整備局武雄河川事務所「水害版BCP作成手引き」（令和3年版）は、近年の九州北部の大規模水害の教訓をもとにアップデートされており、民間事業者のみならず自治体BCPの強化にも有効であるので参照されたい。

水害に限るものではないが、自治体BCPで特に災害対応を大きく左右するのは、災害対応に従事する職員の配置と指揮命令系統の確立である。なかでも、①巨大災害発生時に判断権者である部署の責任者（市長や副市長レベルに限らない）が不在の場合でも、決して判断を遅らせることがないような担当者不在時の次席への権限自動移譲システムが全庁的に訓練され、全職員にその意識が浸透していること、②自治体BCPの発動時には例外なく全庁のすべての部署が「非常時優先業務」モードへと切り替わり、すべての部署が自治体に設置される災害対策本部とのホットラインを構築する体制であること、が重要である。

①は内閣府の手引きでも丁寧に解説されているが、自治体BCP全体の

中で特にこの項目を重視して見直しを図ってほしい。②はある部署が全く
の平時モードである一方、ある部署が業務過剰となるような業務偏在を避
けるということである。

　一見すると災害と無関係な名前の部署であっても、発災時はもとより常
に被災者や外部の支援者等とのかかわりの中で業務を行う。そして、すべ
ての部署に複数の災害担当職員を置き、BCP発動とともに自動的に本部
付を併任させ、災害時の情報収集と情報提供を担わせる体制整備が必要で
ある。

第2節 防災分野における個人情報の取扱いに関する指針

1 災害時における個人情報の利活用

　災害時には、個人情報保護法を情報共有や公開の壁として考えるのではなく、情報共有や公開の根拠法として考える姿勢が肝要となる。

　個人情報保護法は「個人の権利利益を保護することを目的」とした法律である。個人情報の保護は最終目的ではなく、目的達成のためのひとつの手法である。市民や職員関係者らの命を守るという目的達成のためには、個人情報の公表や流通が不可欠な場面は多く、時には本人の同意がなくても目的外利用や外部提供を行わなければならない。

　行政機関の「保有個人情報」(行政機関等の職員が職務上作成し、又は取得した個人情報であって、当該行政機関等の職員が組織的に利用するものとして、当該行政機関等が保有しているもの。個人情報保護法60条参照)についても、本人の同意や法律上規定がなくても、目的外利用や外部提供が可能なのである。

個人情報保護法

(利用及び提供の制限)

第69条　行政機関の長等は、法令に基づく場合を除き、利用目的以外の目的のために保有個人情報を自ら利用し、又は提供してはならない。

2　前項の規定にかかわらず、行政機関の長等は、次の各号のいずれかに該当すると認めるときは、利用目的以外の目的のために保有個人情報を自ら利用し、又は提供することができる。ただし、保有個人情報を利用目的以外の目的のために自ら利用し、又は提供することによって、本人又は第三者の権利利益を不当に侵害するおそれが

あると認められるときは、この限りでない。

一　本人の同意があるとき、又は本人に提供するとき。

二　行政機関等が法令の定める所掌事務又は業務の遂行に必要な限度で保有個人情報を内部で利用する場合であって、当該保有個人情報を利用することについて相当の理由があるとき。

三　他の行政機関、独立行政法人等、地方公共団体の機関又は地方独立行政法人に保有個人情報を提供する場合において、保有個人情報の提供を受ける者が、法令の定める事務又は業務の遂行に必要な限度で提供に係る個人情報を利用し、かつ、当該個人情報を利用することについて相当の理由があるとき。

四　前三号に掲げる場合のほか、専ら統計の作成又は学術研究の目的のために保有個人情報を提供するとき、本人以外の者に提供することが明らかに本人の利益になるとき、その他保有個人情報を提供することについて特別の理由があるとき。

3　前項の規定は、保有個人情報の利用又は提供を制限する他の法令の規定の適用を妨げるものではない。

4　行政機関の長等は、個人の権利利益を保護するため特に必要があると認めるときは、保有個人情報の利用目的以外の目的のための行政機関等の内部における利用を特定の部局若しくは機関又は職員に限るものとする。

内閣府「防災分野における個人情報の取扱いに関する指針」（令和5年3月）は、「個人情報の適正な取扱いを図り、人の生命、身体又は財産の保護を最大限図るという前提に基づき作成」されており、「災害の種別・規模や、地方公共団体職員が直面する災害に係る業務等によって、災害対応に必要な個人情報の活用範囲は変わり得ることに加え、活用判断をするのは地方公共団体の機関であり、様々な場面において判断に迷う場合が想定される」「本指針を活用し、災害に係る様々な業務において人の生命、身体又は財産の保護が最大限図られるよう、適切に対応されたい」と述べ、

災害時の個人情報の利活用を強調している。また基本的な考え方としても「発災当初の72時間が人命救助において極めて重要な時間帯であるため、積極的な個人情報の活用を検討すべき」と明記しており、災害対応に追われる現場の判断を大いに後押しするものとなっている。

　なお、人命救助フェーズは72時間に限られない。災害関連死（直接死以外で災害と相当因果関係が認められる死亡）は、災害発生から数年以上経過しても起こり得る。被災者の生命、健康、財産を支えるべく、行政職員や委託等を受けた支援者らによる被災者個人へのアウトリーチによる公衆衛生看護・地域保健・生活再建支援活動（災害ケースマネジメント）がなければ、被災者の生活は維持できない。したがって、災害発生後の時間経過を問わず、今現在被災者にとって有益かどうかという視点で個人情報の利活用を決断していくことが必要になる。

　「防災分野における個人情報の取扱いに関する指針」は、総論に加えて、自治体からヒアリングした結果をもとに14の個別事例解説を掲載している（令和5年3月時点）。これらを参考に、既存の地域防災計画でも各所に登場する他機関連携時における個人情報の取扱いについて、アップデートしておくことが求められる。

2 災害対策本部や支援機関における情報共有と被災者台帳

　市町村は、災害発生後に様々な経路から被災者の情報に接することになる。避難所名簿、在宅被災者の物資供給リスト、仮設住宅入居名簿、各種支援受付窓口、避難行動要支援者名簿、要介護者名簿、障害者手帳情報、住民基本台帳等を駆使して、被災者一人ひとりの被害の状況を適切に把握するために、個々の被災者の状況を一元的に集約しなければならない。

　そこで、災害対策基本法に基づく「被災者台帳」制度を活用することで、被災市町村、広域避難者の受け入れ市町村、都道府県、民間の支援団体等の情報連携をシームレスかつ遺漏なく行うことが求められる（災対法90条の3、同法90条の4）。

57

内閣府（防災担当）による「令和6年能登半島地震における被災者台帳の作成及び台帳情報の利用・提供並びに広域避難者の支援に係る情報の連携について」（令和6年1月29日府政防第145号）では、被災者台帳の利用の意義とノウハウが簡潔にまとめられている。

図表1-9　被災者台帳の利用のイメージ

被災者台帳の 利用イメージ	具体的内容
添付書類の省略 （台帳作成市町村 の手続）	・被災者が市町村に対し給付・減免等の申請を行う場合、市町村が被災者の被災状況や罹災証明書の交付記録等を確認することにより手続を進め、罹災証明書等の添付を不要とする。
添付書類の省略 （台帳作成市町村 以外の者の手続）	・被災者が台帳作成市町村以外の者に対し公共料金減免等の申請を行う場合、台帳作成市町村からその者に対し台帳情報の提供を行うことにより、被災者からその者への罹災証明書等の添付を不要とする。（ただし、地方公共団体以外の者に台帳情報を提供する場合は、台帳情報の提供について本人同意が必要）
被災状況に応じた 援護の漏れ防止	・給付金、各種減免猶予、義援金等を受けられる要件を満たしているにもかかわらず手続がなされていない者を台帳情報から抽出して案内を行う。
二重支給等の防止	・台帳情報を確認することにより給付金、各種減免猶予、義援金等が二重に支給されることがないようにする。
被害状況や居所・ 連絡先等の共有	・各部署等が行う被災者の援護の実施状況や、住所地から避難した場合などにおける現在の居所・連絡先等を被災者台帳に記載・記録して共有することにより、各部署が重複して被災者の状況や居所・連絡先の確認を行うことなく、市町村が保有している直近の情報を基に迅速に援護を行う。 ・被災者の被害状況やこれまでの援護の記録等から、今後の被災者の生活再建に向けた措置の検討等に利用する。
要配慮者への援護	・避難行動要支援者名簿に記載されていない要配慮者に対しても適切な援護を行うため、必要な配慮内容に応じ、要件に当てはまる者を抽出する。

（出典：「令和6年能登半島地震における被災者台帳の作成及び台帳情報の利用・提供並びに広域避難者の支援に係る情報の連携について」2頁）

被災者台帳の情報は、他の自治体から台帳情報の提供の申請があった場合には、本人の同意なく提供できる。氏名、電話番号、属性等の被災者に係る台帳情報を、被災市町村から県や被災者を受け入れる県内外の市町村に提供することで、広域避難者の把握や支援に役立つ。

台帳情報の提供を受けた自治体では、当該情報を利用し、被災者支援のための見守りやアウトリーチの支援事業を立ち上げ、専門士業団体や社会福祉協議会等へ事業委託を行うことで、情報を有効活用することが求められる。

さらに、被災者支援を行う民間支援団体へ従来の目的を越えた外部提供をすることも、効果的支援には不可欠な場面がやってくる。これに備え、訪問等により被災者の状況確認を行う際や公的支援の利用申請の際に、支援の実施のために、氏名、電話番号、住所等の台帳情報を民間の支援団体等に提供することについて同意を取得しておくことが効果的である。あらゆる機会をとらえ、あらかじめ外部提供についての同意を取得しておく作

図表1-10　他の市町村への被災者台帳の提供イメージ

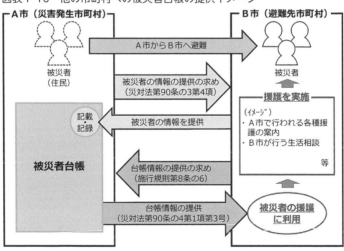

（出典：前同3頁）

業（事前の書式フォーマット整備と記述文言の精査）を忘れてはならない。

COLUMN② 被災者台帳　令和6年能登半島地震と防災DX

　令和6年1月1日に発生した能登半島地震では、インフラの長期断絶や厳冬期での発災であったことから、多数の被災者が広域避難を余儀なくされた。また、所在を把握し漏れのない支援をするための所在把握（個人情報の把握）も困難を極めることになった。

　石川県は、特に被害の大きかった市町と連携し、災害関連死の防止、被害状況の適切な把握、迅速な支援等を目的として「被災者データベース」の構築を行った。市町が災害対策基本法に基づく「被災者台帳」を作成したのち、これを「被災者データベース」により石川県としても管理統合をできるようにしたうえで、被災者が避難した先の市町村にも「被災者台帳」としてデータ共有を実現する仕組みである。

　また、石川県が保有する「避難所名簿（いわゆる1.5次避難所名簿や2次避難所名簿）」「1.5次避難所及び2次避難所運営事務局・コールセンター名簿」「LINEやコールセンターを通じた被災者情報登録のデータ」、被災市町が保有する「住民基本4情報」「1次避難所名簿」「被災者へのアセスメントの記録」、避難先市町村が保有する「受け入れ避難者名簿」などから情報を収集し、「被災者データベース」への統合が行われた。これによって、被災市町＝石川県＝避難先市町村での情報の円滑な流通を図ることを目指したものである。

　対象住民は12万人（石川県能登地方の6市町の人口）に及ぶ規模となった。

3 被災者台帳以外の避難所名簿や仮設住宅名簿等の外部提供

　被災者台帳による情報集約を実施しない場合であっても、外部の民間支援者らに被災者の情報を提供すべき場面は多々ある。例えば「防災分野における個人情報の取扱いに関する指針」では、「事例６：応急仮設住宅の入居者への生活支援・見守り・心のケア支援等」や「事例７：外国人支援のための避難者名簿提供」などの事例を取り上げて解説している。

　いずれの場面も、当初の名簿作成や入居者情報集約の段階で、「民間事業者による入居者への生活支援・見守り等の各種支援を行うために、民間事業者に情報提供する」旨を利用目的として特定しておくことで、のちの外部提供（行政機関による目的内利用の範疇での外部提供）が可能となる。災害発生前から、標準書式に情報の利用目的を広く設定した文言を入れ込むなどのアップデートをしておくべきである。

　また、仮に民間事業者に情報提供する旨の利用目的が明示できなかった場合でも、「明らかに本人の利益になるとき」や「特別の理由があるとき」など、個人情報保護法が認める目的外利用や外部提供の条文（個人情報保護法69条2項4号）を根拠に、支援のための情報流通を止めることがないように、行政機関が迅速に判断をしていくことが求められる。

　令和6年能登半島地震では、「能登地方の市町において被災者支援活動を行っている専門NPO等との連携について」（令和6年2月5日、内閣府事務連絡）により、実績や信頼性の高いNPO等民間団体が具体的に紹介されるなどした。このような団体であれば当然、それと同種同等の活動を行っていたり、専門的な国家資格等を持っていたりする民間団体や士業団体には、被災者の個人情報の共有や提供を積極的に行うことが求められよう。

4 避難行動要支援者名簿情報及び個別避難計画情報の共有条例

　避難行動要支援者名簿は、ほぼすべての市町村で作成が完了し、個別避難計画についても順次作成が進んでいる（作成や共有に関する政策法務実務については『個別避難計画作成とチェックの8STEP』（山崎栄一、岡本正、板倉陽一郎著、ぎょうせい、令和5年）にて詳解）。

　事前準備として最も大切なのは、仮に避難行動要支援者本人の同意がなくても、災害前の平時の段階から、「避難支援等関係者」（消防機関、都道府県警察、民生委員、社会福祉協議会、自主防災組織等）に名簿情報等を引き渡すことが可能な条例を、市町村が整備しておくことである。（なお、マンション管理組合、地域で実績のある民間支援団体、専門士業団体等も地域防災計画に明記し、避難支援等関係者に加えておくことが効果的である。）

　災害時に名簿情報等を外部提供できることは、既に災害対策基本法上に根拠があるため躊躇する必要はない。しかし、名簿情報や個別避難計画情報は、平時からの避難訓練や見守り活動で活用しておかないと、災害時に急にゼロから活用することは不可能である。

　まず、本人から同意を取り付けてあれば問題なく平時から名簿情報を提供できる。しかし、日々入替わりの激しい名簿情報等について、常時同意を全員分取りきることは不可能である。名簿情報も数万人規模になる自治体も少なくないためなおさらといえる。

　そこで、同意の有無にかかわらず、平時から市町村の判断において、しかるべき避難支援等関係者に名簿情報や個別避難計画情報を提供できるという条例を整備しておくことが求められる。

　なお、条例整備が即全名簿の外部提供の実行につながるわけではない。実際に提供を行うためには民間支援団体の育成や個人情報に関する研修などを経る必要があるので、腰を据えた気の長い施策となるが、それで構わないのである。

　この種の条例策定は、市町村の担当部局が意識をもてばすぐに実行可能

である。令和5年6月に新たに制定された「玄海町避難行動要支援者名簿情報の提供に関する条例」は、同種の条例としては佐賀県内の市町村で初事例となった。玄海町は人口約6千人である。

また、「ひょうご防災減災推進条例」には「市町は、災害の発生に備え、自主防災組織等（法第2条の2第2号に規定する自主防災組織、自治会等の民間団体をいう。以下同じ。）に対し避難行動要支援者の法第49条の11第1項に規定する名簿情報を提供するため、同条第2項ただし書に規定する特別の定めを設ける条例を制定する等法制上の措置その他の必要な措置を行うものとする」という条文が設けられており、避難行動要支援者名簿等の情報を本人同意の有無にかかわらず外部提供できる条例の整備を市町へ呼びかけている。当該条例の制定前から整備済みの「神戸市における災害時の要援護者への支援に関する条例」（平成25年4月施行）に加え、明石市、三田市、加東市、福崎町、姫路市、朝来市、豊岡市、香美町、多可町、市川町、宍粟市、太子町、加古川市の合計14もの市町で同種の条例が制定済みである。

県や市町の先進的取組みとして全国自治体へ広がることを期待する。

第3節 おさえておきたい防災気象情報の基礎

1 気象に関する基礎情報収集の勘所と安全配慮義務

　安全配慮義務とは、生命及び身体等を危険から保護するよう配慮すべき義務のことで、ある法律関係に基づいて特別な社会的接触の関係に入った当事者間が民法の信義誠実の原則（民法1条2項、信義則）を根拠として相互に法令上負う義務をいう。最高裁判所の判例により定立された概念である。そして、自然災害による危険の発生時においても安全配慮義務を免れない、というのが近年の裁判例でも明確にされている。

　自然災害に起因する事故をめぐる裁判例からは、行政機関や民間事業者が果たすべき安全配慮義務の内容として、自然災害リスクに関する「情報収集義務」を適切に果たし、それに基づく適時・適切な行動や判断を実践すべきであることが教訓として導かれている（『災害復興法学Ⅱ』、『災害復興法学Ⅲ』）。

　防災気象情報は、災害発生の比較的前の段階から情報収集することが可能である。行政機関の業務にかかわる者は、防災気象情報については最低限の勘所をもっておくべきである。

　気象庁はホームページの「防災情報」において「気象防災」欄を設け、各種情報に簡単にアクセスできるようにしている。現在は「気象警報・注意報」「早期注意情報（警報級の可能性）」「大雨危険度」「キキクル（危険度分布）：土砂／浸水／洪水」「雨雲の動き」「今後の雨」「気象情報」「台風情報」「指定河川洪水予報」「土砂災害警戒情報」「竜巻注意情報」「熱中症警戒アラート」「今後の雪」という項目が列挙されている（令和6年3月現在）。安全配慮義務を果たすためにはこれらが何を意味し、どの情報の際に最低限どのような行動に移らなければならないかを、災害関係部署のみならず、すべての部署において把握しておくことが求められる。

　以下、特に重要な用語と災害対策における意義について解説する。なお気象庁ではこれらのページの読み方を解説した「気象庁ホームページの使い方／気象の情報へのアクセス方法」や「気象庁ホームページに掲載されている気象の情報について」といった簡易な説明資料を作成している。防災・危機管理にかかわる者は必読といえる。

（いずれも気象庁HP）

2 警報と注意報

　警報とは、重大な災害が起こるおそれのあるときに警戒を呼びかけて行う予報をいう。注意報は、災害が起こるおそれのあるときに注意を呼びかけて行う予報をいう。あらかじめ定められた基準や指数に到達すると予想される区域に対して発表される。

　地震の発生で地盤がゆるんだりする等、災害発生にかかわる条件が変化した場合、通常とは異なる基準（暫定基準）で発表する。気象庁も「地震等に伴い、『※』を付した府県予報区で、通常基準より引き下げた暫定基準を設けて運用しています。」という赤字注意をウェブサイトに掲載するのが通常である。多雨地域では、地震発生後にはいつも以上の警戒ときめ細やかな情報収集が必要になる。

　事前の災害対策を十分に行うためには、現在時刻の警報の有無を確認するだけでは情報収集としては不足する。そこで「早期注意情報（警報級の可能性）」に着目すべきである。

　警報級の現象が5日先までに予想されているときには、その可能性を「早期注意情報（警報級の可能性）」として［高］又は［中］の2段階で発表する。この情報の活用によって、行政機関の人員体制、関係機関との連絡体制、民間事業者や支援者との連携、交通機関との調整、備蓄品や公共インフラの再確認などについて、具体的に身構える準備を行うことが可能となる。特に［高］が示された場合には、具体的な準備態勢を構築する業務継続計画を立てておく必要がある。

図表1-11　5日先までの早期注意情報

5日先までの早期注意情報（警報級の可能性）

○○県南部の早期注意情報（警報級の可能性）
　南部では、4日までの期間内に、暴風、波浪、高潮警報を発表する可能性が高い。
また、4日明け方までの期間内に、大雨警報を発表する可能性がある。

翌日まで
・天気予報と合わせて発表
・時間帯を区切って表示

2日先～5日先まで
・週間天気予報と合わせて発表
・日単位で表示

| ○○県南部 | 3日 | 4日 | | | | 5日 | 6日 | 7日 | 8日 |
警報級の可能性	18-24	00-06	06-12	12-18	18-24				
大雨	[中]	—				—	—	[中]	—
暴風	—	[高]				—	[中]	[高]	—
波浪	—	[高]				—	[中]	[高]	—
高潮	—	[高]				—	[中]	[高]	—

[高]：警報を発表中、又は、警報を発表するような現象発生の可能性が高い状況です。明日までの警報級の可能性が[高]とされているときは、危険度が高まる詳細な時間帯を本ページ上段の気象警報・注意報で確認してください。
[中]：[高]ほど可能性は高くありませんが、命に危険を及ぼすような警報級の現象となりうることを表しています。明日までの警報級の可能性が[中]とされているときは、深夜などの警報発表も想定して心構えを高めてください。
※警戒レベルとの関係
　早期注意情報（警報級の可能性）※・・・【警戒レベル1】
＊大雨、高潮に関して、[高]又は[中]が予想されている場合。

翌日まで
前日の夕方の段階で、必ずしも可能性は高くないものの、夜間～翌日早朝までの間に警報級の大雨となる可能性もあることが分かる！

2日先～5日先まで
数日先の荒天について可能性を把握することができる！

（出典：気象庁ホームページ「早期注意情報（警報級の可能性）」https://www.jma.
go.jp/jma/kishou/know/bosai/prob_warning.htmlより）

3　雨雲レーダーに関する情報

　気象庁ウェブサイトの「雨雲の動き」や「今後の雨」から、雨雲レーダー（降雨域の状況）の過去、現在、予報を見ることができる。視覚的にもわかりやすく雨雲の様子が理解でき、行政機関の災害対策本部のモニターでは、気象庁のウェブサイト画面や、民間サービスを利用した画面などが常時投影されているはずである。「雨雲の動き」は、1時間先までの5分ごとの雨の予測が確認できる。「今後の雨」は、15時間先までの1時間ごとの雨の予測が確認できる。

　ここで重要なポイントは、現在時刻においてどこに強雨域があるのかどうかに加え、過去から現在に至るまで（あるいは予報で）、ある一か所において強雨域（特に1時間に30mm以上となる赤色やオレンジ色の部分）

が、数時間以上動いていない地域がないかどうかを見極めることである。降雨域は基本的に西から東へと流れていくが、強雨域が動かない箇所を、雨雲レーダーの動画を再生しながら判別していくのである。

　強雨域が動かなければ土砂災害、浸水害、洪水災害のいずれについても災害発生のリスクが飛躍的に高まる。加えて、河川のあるところに強雨域がとどまっていれば、その流域全体にも災害リスクが飛躍的に高まることも念頭においておきたい。

4 キキクルに関する情報

　気象庁では、警報や注意報については雨量そのもので判断することはせず、雨水の挙動を模式化してそれぞれの災害リスクの高まりを表す数値モデルである「土壌雨量指数」「表面雨量指数」「流域雨量指数」を開発している。これを利用して気象庁のウェブサイトでは５段階に色分け（黒、紫、赤、黄、白）して土砂災害、浸水害、洪水災害の危険度の高まりを面的に確認できる「キキクル（危険度分布）」を公開している。

　キキクルも時系列をおって動画で見ることができるため、どのポイントで災害リスクが高まるかを視覚的に把握できる。特に具体的な避難指示や救援を行う対策を立てる場合には、キキクルは必須かつ要の情報収集源といえる。

　「土砂キキクル（大雨警報（土砂災害）の危険度分布）」は、大雨による土砂災害発生の危険度の高まりを、５段階に色分けし、１km四方メッシュで地図上に示したものである。常時10分ごとに更新し、大雨警報（土砂災害）や土砂災害警戒情報等が発表されたとき、具体的にどこで危険度が高まっているかを把握できる。

　「浸水キキクル（大雨警報（浸水害）の危険度分布）」は、短時間強雨による浸水害発生の危険度の高まりを５段階で色分けし、１km四方メッシュで地図上に示したものである。常時10分ごとに更新し、雨が強まってきたときや大雨警報（浸水害）等が発表されたとき、具体的にどこで危

険度が高まっているのかを把握できる。

　「洪水キキクル（洪水警報の危険度分布）」は、大雨による中小河川（水位周知河川及びその他河川）の洪水災害発生の危険度の高まりを５段階に色分けし、地図上に示したものである。危険度の判定には３時間先までの流域雨量指数の予測値を用いており、中小河川の特徴である急激な増水による危険度の高まりを事前に確認することができる。また、大河川で洪水のおそれがあるときに発表される「指定河川洪水予報」や国管理河川の「洪水の危険度分布（水害リスクライン）」も表示するため、中小河川の洪水危険度とあわせて確認ができる。

　なお、雨雲レーダーによる「雨雲の動き」や「今後の雨」により、既に降雨域が遠ざかり、実際に雨が止んでいる場合であっても、土砂キキクル、浸水キキクル、洪水キキクルではかなりの危険度を示していたり、災害が雨の止んだあと発生したりするケースもあることに留意が必要である。

　大きな河川では、上流の雨が止んで１日経過してから下流で氾濫がおきる可能性がある。また、中小河川では、短時間の降雨で一気に黄、赤、紫と危険度が増していくこともある。したがって、キキクルは降雨情報とは別に注視しておかなければならない。

　気象庁では、繁忙時に土砂災害、浸水害、洪水災害の３つの危険度を別々に確認しなくとも、地域の危険度の高まりに気付くことができるように、土砂災害、浸水害、洪水災害に加え、これらのうちの最も高い危険度を「大雨危険度」として提供しているので、あわせて画面で確認しておくことが必要である。

5 線状降水帯・顕著な大雨に関する気象情報

　「線状降水帯」とは、次々と発生する発達した雨雲（積乱雲）が列をなした、組織化した積乱雲群によって、数時間にわたってほぼ同じ場所を通過または停滞することで作り出される、線状に伸びる長さ50～300km程度、幅20～50km程度の強い降水をともなう雨域のことをいう。水害

図表1-12 洪水キキクル

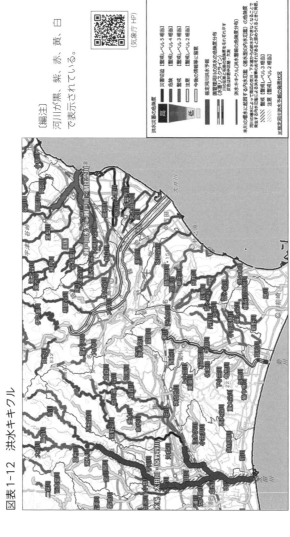

[編注]
河川が黒、紫、赤、黄、白
で表示されている。

（気象庁HP）

洪水害の危険度
高
低

災害の発生（警戒レベル5相当）
危険（警戒レベル4相当）
警戒（警戒レベル3相当）
注意（警戒レベル2相当）
今後の情報等に留意

指定河川洪水予報

氾濫발生情報（警戒レベル5相当）
（洪水リスクライン）
氾濫危険情報及び氾濫警戒情報をそれぞれの危険度色に区分した区間の危険度分布
氾濫注意情報

洪水キキクル（洪水警報の危険度分布）

本川の増水により氾濫する恐れのある水位流量（浸水型の水位流量）の危険度
川の増水により下流側で水位が高くなると逆流する恐れがあり、発生する恐れがある区域を増水などによる危険度色に区分した区間。
氾濫注意水位相当

警戒（警戒レベル3相当）
注意（警戒レベル2相当）

洪水警報の発表状況

（出典：気象庁ホームページ「洪水キキクル（洪水警報の危険度分布）」https://www.jma.go.jp/jma/kishou/know/bosai/
riskmap_flood.html より）

発生の背景にはかなりの頻度で線状降水帯の発生があった。

　気象庁では、「顕著な大雨に関する気象情報」（10分先、20分先、30分先に、大雨による災害発生の危険度が急激に高まっている中で、線状の降水帯により非常に激しい雨が同じ場所で実際に降り続いている状況を「線状降水帯」というキーワードを使って解説する情報）を、警戒レベル相当情報を補足する解説情報として発表している。

　また、線状降水帯による大雨について半日程度前からの呼びかけも行う。このときは特に留意が必要であり、大雨災害に対する危機感を早めにもち、ハザードマップや避難所・避難経路の確認をしておくことが求められる。

　これまで水害を引き起こした雨雲の様子は、必ずしも線状降水帯の形状であるとは限らない。雨雲レーダーの分布を確認し、強雨域が同じ地域に長時間滞留していないかについて留意することが重要である。線状降水帯はそのような強雨域を意識するひとつのキーワードとして捉えておきたい。気象庁の呼びかけや「顕著な大雨に関する気象情報」がなくとも、「キキクル」3種類の情報を常に収集しておく姿勢が求められる。

6 台風情報

　気象予報技術の発達により、台風情報の精度は年々増している。台風の進路等は最大の関心事であり災害予防に不可欠であるため、テレビやインターネット上の天気予報でも繰り返し情報提供が行われ、ある程度必要な情報も入手できるようになっている。特に大型で勢力の強い台風が接近するような場合は、気象庁も記者会見を開くなどし、最大限の警戒を呼びかける。

　令和元年10月12日に伊豆半島に上陸し、84名もの犠牲者が出た令和元年台風第19号（令和元年東日本台風）の接近に際しては、気象庁は早い段階から「11日（金）までに暴風等に備えるようお願いいたします」「12日から13日にかけて、東日本を中心に、西日本から東北地方の広い

範囲で猛烈な風が吹き、海は猛烈なしけとなり、記録的な暴風となるところもあるでしょう」「状況によっては大雨特別警報を発表する可能性があります。伊豆に加えて関東地方でも土砂災害が多発し、河川の氾濫が相次いだ、昭和33年の狩野川（かのがわ）台風に匹敵する記録的な大雨となるおそれもあります」と、異例ともいえるほどの最大級の警戒を呼びかけていた。

　もちろんこれに至らずとも、台風はどのような場合でもその動向を注視し、早期のうちに臨戦態勢を敷くべきことはいうまでもない（なお、気象庁が会見を開くほどの状況では第2章第1節にて詳述する災害救助法の事前適用は必須であろう）。

　台風の進行方向右側の地域（危険半円）は、台風の反時計回りの風と移動方向が一致して風が加速しやすくなるため、特に災害の発生に留意しなければならない。台風の雨雲は中心に近くなるほど濃密になるが、中心から200km以上離れたところにもアウターバンド（外側降雨帯）と呼ばれる帯状の雲が発生し災害を引き起こすことがある。アウターバンドは予測が難しいため衛星画像などで注視しておく必要がある。

　台風が近づくと気圧が降下する。1hpa気圧が降下すると海面は1cmも上昇する（吸い上げ効果）。風と遠方からの波のうねりと相まって「高波」がおきやすいので十分注意が必要である。また、浅瀬や湾などに台風が近づくことで岸に海水が吹き寄せられ（吹き寄せ効果）、通常より潮位が高くなる「高潮」を発生させる。高潮は港湾施設を破壊する威力をもつため最大限の警戒が必要となる。

　台風は熱帯低気圧のうち中心付近の最大風速が17.2m/s以上に発達したものをいう。海面からの水蒸気の供給は海面温度が高いほど大きく、台風を発達させるが、北上や上陸により水蒸気の供給が少なくなると、台風は勢力を弱める傾向にある。しかし、台風が「温帯低気圧」に変化した場合は留意が必要である（台風の温低化）。

　温帯低気圧はごく簡単にいえば南北の空気の温度差によって発達するメカニズムを持った低気圧であり、台風とは構造が全く異なる。温帯低気圧

化したことで却って暴風や強風のエリアが増大し、強雨域が広がることも多い。台風の消滅は災害リスクの低減を意味しないことに留意が必要である。

　令和元年東日本台風も上陸後に日本の東で温帯低気圧になったが、その後も東日本の広範囲に大雨を降らせている。気象庁は、台風から温帯低気圧に変わっても、暴風を伴って災害を及ぼすおそれがある場合には、台風情報として発表を継続して警戒を呼びかける運用を行っている。

7　梅雨前線（停滞前線）

　梅雨前線とは、6月から7月の梅雨期に日本の南岸に発生する停滞前線（➤➤➤➤）である。前線は異なる性質の気団などの境目のことをいい、梅雨前線は冷たく湿ったオホーツク海気団と温かく湿った小笠原気団の間に形成される。前線の南側には南西方向から「暖かく湿った空気」が次々と流れ込み、前線部分で積乱雲を形成し、しばしば大雨に繋がる。

　地上天気図でもおなじみの停滞前線記号について注意すべきは、その「停滞」状況である。梅雨前線は停滞しているといっても多くは南北方向に揺れており、全く同じ場所に長期間とどまっているということは少ない。逆に、同じ場所に数日とどまり、その間同じ場所に長雨を降らせているケースは警戒が必要である。西日本豪雨（平成30年6月28日から7月8日）では、日本海まで張り出したオホーツク海高気圧の厚い寒気により、西日本で梅雨前線が7月5日から7日まで3日間にわたり動かないロック状態となり豪雨が継続した。

（停滞前線記号の出典：気象庁ホームページ「予想天気図の説明」https://www.jma.go.jp/jma/kishou/know/kurashi/FSAS_kaisetu.htmlより）

図表1-13　西日本豪雨の地上天気図

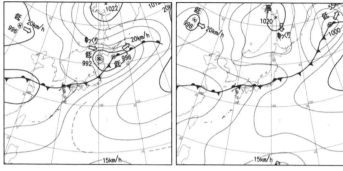

7月5日09時　　**7月6日09時**

7月7日09時

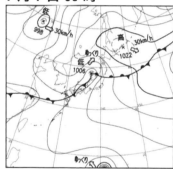

〔編注〕
梅雨前線（停滞前線）が中国地方
に長期間動かずにとどまっている。

（出典：気象庁「平成30年7月豪雨（前線及び台風第7号による大雨等）」平成30
年、4頁・5頁、https://www.data.jma.go.jp/obd/stats/data/bosai/report
/2018/20180713/jyun_sokuji20180628-0708.pdfより抜すい）

8 低気圧と寒冷前線・温暖前線

　地上天気図だけでは地域の天気を判断することはできない。しかし、温帯低気圧等から延びる寒冷前線（▬▼▼▼）と温暖前線（▬●●●）については留意が必要である。寒冷前線とは、温かい空気の下に冷たい空気が潜り込むようにしてできる前線（異なる気層の境界）である。温暖前線とは、温かい空気が冷たい空気をはい上がるようにしてできる前線である。温暖前線は、乱層雲等によるしとしととした地雨（じあめ）が降りやすい。一方、寒冷前線では温かい空気が持ち上げられることで積乱雲が発生し、しゅう雨（にわか雨）が降りやすく、落雷、ひょう、突風（急な風向きの変更）、前線通過時の気温の急激な低下など、激しい気象が起きやすい。したがって、寒冷前線の通過には極めて慎重な配慮と警戒が必要になる。

　令和4年4月23日に発生した知床遊覧船沈没事故は、寒冷前線の通過の際に起きた。事故原因は「寒冷前線が通過すると海象が急激に悪化するという知床半島西側海域の気象・海象の特性を十分理解しておらず、それが本船の操船に及ぼす影響についても知識・経験が不足」していたことによるものと分析されている（運輸安全委員会『船舶事故調査報告書』（令和5年9月7日公表）、147頁）。

(寒冷前線記号、温暖前線記号の出典：気象庁ホームページ「予想天気図の説明」
　https://www.jma.go.jp/jma/kishou/know/kurashi/FSAS_kaisetu.html より)

図表 1-14　遊覧船沈没事故時の天気図及び概況

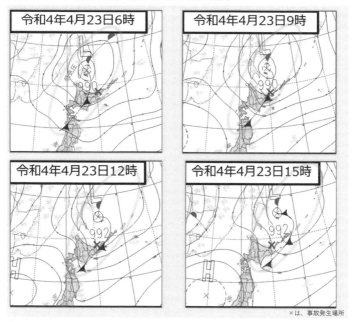

（出典：運輸安全委員会『船舶事故調査報告書』（令和5年9月7日公表）、25頁。本天気図は、気象庁地上天気図（本事故対応のため再度解析したもの）に日本沿岸域及び低気圧の丸枠を追記したもの。https://www.mlit.go.jp/jtsb/ship/rep-acci/2023/MA2023-9-1_2022tk0003.pdf）

第4節 水害をめぐる裁判事例—事前準備へのフィードバック

　国や自治体を当事者とする水害をめぐる裁判は、水害に起因して発生した住民等の損害について、国家賠償法に基づく損害賠償請求の形をとることが多い。

　その意味では事後的な紛争であり、また、例えば「河川管理の瑕疵」の有無に関連する当該裁判所による法解釈が、およそ一般的にどのような事案であっても当てはまるというものでもない。

　しかし、裁判所、特に最高裁判所が示した法解釈は裁判実務上相当の重みがあり、裁判上、類似事案では必ずといってよいほど参照されるものであることに照らせば、自治体職員にとって、国や自治体を当事者とする水害をめぐる裁判において、裁判所がどのような法解釈を示しているのかを知ることは、水害対策として自治体に求められている事前準備のレベルを知る意味でも重要であるといえる。

　ただし、裁判はあくまで個別紛争の解決のためになされることを旨とすることから（裁判所法3条1項参照）、裁判所、特に高等裁判所以下の下級審の示した法解釈を過度に一般化することは適切ではなく、また、同じ水害に係る法解釈であっても、その後の法改正はもちろんのこと、時代背景や関連する技術水準の進歩等によっても結論が異なり得ることには留意が必要である。

　そこで、本節においては、水害をめぐる主要な裁判事例について、その代表的事例といえる大東水害訴訟事件のほか、近年の最高裁判所の裁判例を中心とし、その他、比較的最近の下級審裁判所の裁判例を取り上げて、事案の概要、判決要旨を紹介し、最後にこれらの裁判例を踏まえ、事前準備へのフィードバックの観点から自治体が実務上留意すべき事項について述べる。

　なお、近年の裁判例であっても、そのほとんどがそれ以前の最高裁判所

の関連裁判例を踏まえているので、本節によって、国や自治体を当事者とする水害をめぐる裁判における、裁判所（特に最高裁判所）の法解釈の内容と傾向を把握することが可能であると思われる。

1　裁判例

〔編注〕判例の引用中、表現を変更した箇所については〔　〕で括って記載している。

（1）最判昭和59年1月26日（最高裁判所民事判例集（以下、民集）38巻2号53頁）（大東水害訴訟事件）

①事案の概要

谷田川（大阪府）が一級河川に指定された後、昭和41年頃谷田川の改修計画が作成され、谷田川を含む寝屋川水系の改修計画完成の行政目標は昭和46年と定められた。

その後、当該計画に従って一部河川の改修工事が実施されたが、下記水害発生当時、既改修部分と未改修部分の接点からやや下流にあたるA点では、そのすぐ上流の川幅に比べ、急激、かつ、極端に狭くなっており、そのうえ、A点及びその附近の河床にはかなりの土砂が堆積していたこと、したがって、A点ではその上流部分に比べ流量が著しく制限されていた状況にあった。

昭和47年7月10日頃からの降雨により、谷田川の水位は漸次上昇していたが、「翌11日午前7時頃、久作橋附近においていまだ満水状態には至っておらず、橋と水面との間は約10〔センチ〕程度の間隔があつた。

しかし、同日午前8時前頃には〔A〕点から若干の溢水が始まり、溢れ出た水は幅1〔メートル〕弱の水流となって〔B〕路へ流れ込んだが、いまだ原告ら居住地域へ浸水するまでには至らなかつた。

そして、その後は雨が止んだため谷田川は減水し、〔A〕点からの溢水はなかつた。」

7月12日午前6時頃からの連続的降雨により谷田川は再び増水し、午前9時頃にはA点から溢水が始まり、溢れ出た水はB路へ流れ込み、以後

はＡ点を含め、Ａ点より上流の谷田川未改修部分の堤防が低くなっている部分から谷田川の外水が流出して原告ら居住地域全体が増水し、午後８時頃には原告ら居住地域は次第に床上浸水の状態となっていった。

　７月13日午後からは雨が小止みになったこともあって、ピーク時から幾分減水した程度の浸水状態が続き、翌14日朝になって被告大東市が設置した排水ポンプによって次第に減水するに至った。

　そして、原告ら居住地域全体についてみれば、浸水状態から完全に脱したのは16日であった。

　住民たる原告らは、床上浸水被害を受けたのは、国らによる谷田川の設置・管理の瑕疵に起因するとして、国らに対し、国家賠償法に基づき損害賠償請求を求めた。第１審、控訴審ともに原告らの請求を一部認容。被告らが上告。

　なお、破棄差戻後の控訴審では、下記判示によって示された基準に基づき審理がなされ、結論として同瑕疵が否定され、原告らの請求はいずれも棄却された（上告・上告棄却（確定））。

②判決の要旨（破棄差戻）

　「国家賠償法２条１項の営造物の設置又は管理の瑕疵とは、営造物が通常有すべき安全性を欠き、他人に危害を及ぼす危険性のある状態をいい（最高裁昭和51年（オ）第395号同56年12月16日大法廷判決・民集35巻10号1369頁参照）、かかる瑕疵の存否については、当該営造物の構造、用法、場所的環境及び利用状況等諸般の事情を総合考慮して具体的個別的に判断すべきものである（最高裁昭和53年（オ）第76号同年７月４日第三小法廷判決・民集32巻５号809頁）。

　ところで、河川の管理については、所論も指摘するように、道路その他の営造物の管理とは異なる特質及びそれに基づく諸制約が存するのであつて、河川管理の瑕疵の存否の判断にあたつては、右の点を考慮すべきものといわなければならない。

　すなわち、河川は、本来自然発生的な公共用物であつて、管理者による公用開始のための特別の行為を要することなく自然の状態において公共の

用に供される物であるから、通常は当初から人工的に安全性を備えた物として設置され管理者の公用開始行為によつて公共の用に供される道路その他の営造物とは性質を異にし、もともと洪水等の自然的原因による災害をもたらす危険性を内包しているものである。

　したがつて、河川の管理は、道路の管理等とは異なり、本来的にかかる災害発生の危険性をはらむ河川を対象として開始されるのが通常であつて、河川の通常備えるべき安全性の確保は、管理開始後において、予想される洪水等による災害に対処すべく、堤防の安全性を高め、河道を拡幅・掘削し、流路を整え、又は放水路、ダム、遊水池を設置するなどの治水事業を行うことによつて達成されていくことが当初から予定されているものということができるのである。

　この治水事業は、もとより一朝一夕にして成るものではなく、しかも全国に多数存在する未改修河川及び改修の不十分な河川についてこれを実施するには莫大な費用を必要とするものであるから、結局、原則として、議会が国民生活上の他の諸要求との調整を図りつつその配分を決定する予算のもとで、各河川につき過去に発生した水害の規模、頻度、発生原因、被害の性質等のほか、降雨状況、流域の自然的条件及び開発その他土地利用の状況、各河川の安全度の均衡等の諸事情を総合勘案し、それぞれの河川についての改修等の必要性・緊急性を比較しつつ、その程度の高いものから逐次これを実施していくほかはない。

　また、その実施にあたつては、当該河川の河道及び流域全体について改修等のための調査・検討を経て計画を立て、緊急に改修を要する箇所から段階的に、また、原則として下流から上流に向けて行うことを要するなどの技術的な制約もあり、更に、流域の開発等による雨水の流出機構の変化、地盤沈下、低湿地域の宅地化及び地価の高騰等による治水用地の取得難その他の社会的制約を伴うことも看過することはできない。

　しかも、河川の管理においては、道路の管理における危険な区間の一時閉鎖等のような簡易、臨機的な危険回避の手段を採ることもできないのである。

河川の管理には、以上のような諸制約が内在するため、すべての河川について通常予測し、かつ、回避しうるあらゆる水害を未然に防止するに足りる治水施設を完備するには、相応の期間を必要とし、未改修河川又は改修の不十分な河川の安全性としては、右諸制約のもとで一般に施行されてきた治水事業による河川の改修、整備の過程に対応するいわば過渡的な安全性をもつて足りるものとせざるをえないのであつて、当初から通常予測される災害に対応する安全性を備えたものとして設置され公用開始される道路その他の営造物の管理の場合とは、その管理の瑕疵の有無についての判断の基準もおのずから異なつたものとならざるをえないのである。」

　「以上説示したところを総合すると、我が国における治水事業の進展等により前示のような河川管理の特質に由来する財政的、技術的及び社会的諸制約が解消した段階においてはともかく、これらの諸制約によつていまだ通常予測される災害に対応する安全性を備えるに至つていない現段階においては、当該河川の管理についての瑕疵の有無は、過去に発生した水害の規模、発生の頻度、発生原因、被害の性質、降雨状況、流域の地形その他の自然的条件、土地の利用状況その他の社会的条件、改修を要する緊急性の有無及びその程度等諸般の事情を総合的に考慮し、前記諸制約のもとでの同種・同規模の河川の管理の一般水準及び社会通念に照らして是認しうる安全性を備えていると認められるかどうかを基準として判断すべきであると解するのが相当である。

　そして、既に改修計画が定められ、これに基づいて現に改修中である河川については、右計画が全体として右の見地からみて格別不合理なものと認められないときは、その後の事情の変動により当該河川の未改修部分につき水害発生の危険性が特に顕著となり、当初の計画の時期を繰り上げ、又は工事の順序を変更するなどして早期の改修工事を施行しなければならないと認めるべき特段の事由が生じない限り、右部分につき改修がいまだ行われていないとの一事をもつて河川管理に瑕疵があるとすることはできないと解すべきである。

　そして、右の理は、人口密集地域を流域とするいわゆる都市河川の管理

についても、前記の特質及び諸制約が存すること自体には異なるところがないのであるから、一般的にはひとしく妥当するものというべきである。」

【判決のポイント】

- 国家賠償法２条１項の営造物の設置又は管理の瑕疵の有無の判断基準を示した。
- 河川管理の瑕疵の有無の判断にあたっては、河川の特質や諸制約を考慮すべきであるとし、具体的な判断基準を示した。
- 既に改修計画が定められ、これに基づいて現に改修中である河川について、未改修部分が存在することと河川管理の瑕疵の有無の関係について判断基準を示した。

（２）最判平成８年７月12日（民集50巻７号1477頁）（平作川水害訴訟事件）

①事案の概要

　昭和49年７月８日梅雨前線が神奈川県下の各地に大雨をもたらし、三浦半島では同日午前２時から同８時までの間強い降雨があり、日雨量は場所によっては250ミリに及び、県下で家屋全壊、床上・床下浸水等の大きな被害が発生し、平作川が右降雨により溢水した。

　「県内の雨量分布をみると、北部一帯は少なく、総雨量は100ミリメートルに達しないのに、南部一帯は150ミリメートルを超え、特に横須賀市を中心とした地域と元箱根を中心とした地域で集中的に降雨があり、その総量は200ミリメートルを超え、多数の河川が氾濫し、横須賀市内では、床上浸水3382棟、床下浸水3354棟のほか全壊113棟、半壊65棟、死者13名、負傷者24名を出す大きな災害となった。」

　住民たる原告らは、床上浸水被害等を受けたのは、国らによる平作川及び関連河川・水路の設置・管理の瑕疵に起因するとして、国らに対し、国家賠償法に基づき損害賠償請求を求めた。第１審、控訴審ともに原告らの請求を棄却。原告らが上告。

②判決の要旨（上告棄却）

（上述（1）の裁判例によって示された判断基準と同様の判断基準を示した上で、かかる判断基準については）、「河川法の適用のないいわゆる普通河川の管理についての瑕疵の有無の判断にも当てはまるものというべきである。

けだし、いわゆる普通河川についても、河川の管理についての（中略）特質及び諸制約が存することは、異なるところがないからである。」

また、「既に改修計画が定められ、これに基づいて現に改修中である河川であっても、水害発生の時点において既に設置済みの河川管理施設がその予定する安全性を有していなかったという瑕疵があるか否かを判断するには、右施設設置の時点における技術水準に照らして、右施設が、その予定する規模の洪水における流水の通常の作用から予測される災害の発生を防止するに足りる安全性を備えているかどうかによって判断すべきである。」

【判決のポイント】

• 河川の瑕疵の有無に係る判断基準について、上述（1）の裁判例の基準によりつつ、かかる判断基準は河川法の適用のないいわゆる普通河川の管理についての瑕疵の有無の判断にも当てはまるとした。

• 水害発生の時点において既に設置済みの河川管理施設に係る瑕疵の有無についての判断基準を示した。

（3）最判平成6年10月27日（最高裁判所裁判集民事（以下、集民）173号201頁）（長良川（安八町）水害訴訟事件）

①事案の概要

昭和51年9月に発生した台風17号の影響により、「長良川流域では、同月8日午後から同月13日にかけて総雨量961ミリ、破堤時までの総雨量950ミリの断続的豪雨に見舞われた。」

「右降雨のため、墨俣水位観測所地点（中略）における長良川の水位は、（中略）破堤時までに四回のピークを示して増減したが、いずれのピーク

も計画高水位TP〔編注：東京湾中等潮位を基準にした水位〕12.16メートル（〔編注：零点高から〕7.94メートル）を下回るものであつた。」

「破堤当日は、午前5時頃に第四回目のピークを迎えたが、午前6時頃より水位が下がり始めたところ、本件破堤は、その4時間後に発生した。決壊時における水位はTP約10.72メートル（〔編注：零点高から〕約6.5メートル）」であった。

破堤が始まるまで堤防補修作業をしていた水防団員及び地元住民は、崩壊と同時に土砂に押し流されるなどし、区長として水防活動に従事していた亡Aは逃げ遅れ、濁流に飲込まれて死亡した。

亡Aの遺族である原告らは、「越流によらず、又は計画高水流量、計画高水位以下で破堤した場合、その事実のみから、当該河川の設置・管理に瑕疵のあることが推定されるから、本件においても、被告の長良川の設置、管理に瑕疵があった旨主張する」などとして、長良川の河川管理者である国に対し、国家賠償法に基づき、亡Aの逸失利益や被災した建物等にかかる損害賠償を求めた。

第1審は同瑕疵を認めて原告らの請求を一部認容したが、控訴審は第1審判決を取消し、原告らの請求を棄却。原告らが上告。

②判決の要旨（上告棄却）

（上述（1）の裁判例によって示された判断基準と同様の判断基準を示した上で）「本件堤防は、計画高水位程度の高い水位の洪水を防御し得る高さと幅を有し、工事実施基本計画に定める規模の洪水における流水の通常の作用から予測される災害の発生を十分に防止する効用を発揮し得る状態にあったものであり、河川管理の特質に由来する前記の諸制約のもとでの同種・同規模の河川の管理の　般水準及び社会通念に照らして是認し得る安全性を備えていたものということができる。」

【判決のポイント】

• 河川の瑕疵の有無に係る判断基準について、上述（1）の裁判例の基準によりつつ、堤防の瑕疵の有無について具体的に判断した（瑕疵を否定）。

（4）最判平成5年3月26日（集民168号153頁）（志登茂川水害訴訟事件）

①事案の概要

「昭和49年7月24日午後1時から翌25日午前10時までの間に、津市一身田地区を含む津市全域に降雨があり、（中略）最大時間雨量は、25日午前7時から8時までの88.5mm」であって、洪水との関係で重要である洪水到達時間内降雨量は、志登茂川に係る本件水害の場合、「洪水到達時間を2.5時間とすると121.0mmであり、この生起確率は20年に一度のもの」であった。

「原告ら居住の志登茂川流域である津市一身田地区には7月24日午後1時ころから降雨があり、志登茂川の流量も漸次増加し、同月25日未明から午前6時ころまでの間に今井橋付近から左右両岸に溢水（中略）が始まり、午前7時半ころから同8時半ころまでの間にピークをむかえ同11時30分ころに同所付近からの溢水が終わつた。」

原告らは、本件の水害の発生は国らによる志登茂川の設置・管理の瑕疵に起因するとして、国家賠償法に基づき、床上浸水等の被害について被った精神的苦痛に対する損害賠償（慰謝料）を求めた。

第1審は、同瑕疵を認めて原告らの請求を一部認容したが、控訴審は第1審判決を取消し、原告らの請求を棄却。原告らが上告。

②判決の要旨（上告棄却）

（上述（1）の裁判例によって示された判断基準と同様の判断基準を示した上で）、「本件河川については昭和47年6月に全体計画が確定され、昭和47年から同49年にかけて、その第1期計画に基づき、対象となった区間につき改修工事が具体的に計画され、その実施に必要な用地の買収交渉が行われていたのであるから、本件河川は改修計画に基づき現に改修中の河川というべきである。（中略）

そして、前記全体計画が合理的なものであり、本件河川について当初の計画の時期を繰り上げるなどして早期に改修工事を施行しなければならない特段の事由が生じたものとは認められないとした原審の認定判断は、原

判決挙示の証拠関係及びその説示に照らし、正当として是認することができる。

　また、本件河川の改修計画は遅くとも昭和40年には実施されるべきであり、前記全体計画は緊急性に反する旨の上告人らの主張を排斥した原審の認定判断も正当として是認することができる。」

【判決のポイント】

• 河川の瑕疵の有無に係る判断基準について、上述（１）の裁判例の基準によりつつ、改修計画に基づき現に改修中の河川の瑕疵の有無について具体的に判断を行った（瑕疵を否定）。

（５）最判平成２年12月13日（民集44巻９号1186頁）（多摩川水害訴訟事件）

①事案の概要

　多摩川流域では、昭和49年８月30日夜から雨が降り始め、同月31日午後７時ころから降雨が一段と強くなり、同年９月１日夕方まで降り続いた。

　この降雨によって、本件堰付近においても、同年８月31日からの流水の増加により、同年９月１日昼ころに本件堰左岸の下流取付部護岸の一部が破壊された。

　その後、破壊が小堤に及び、計画高水流量に至る前の段階において、本件堰上流部の小堤からの越流水が生じ、右取付部護岸の損壊箇所から中詰土が流失し、これにより中空となった護岸被覆工が損壊されるという現象が繰り返されて、護岸の損壊が進行するとともに、右取付部の高水敷に下流から上流に向かって欠込みが生じ、かつ、小堤の被堤が進行した。

　そして、高水敷からその欠込み部分に流下する水流の作用により、右欠込みが増大して、本件堰の前記嵌入部の上流側にまで及んだ。

　さらに、小堤からの越流水がこれに加わって右嵌入部の上流側を迂回する水路が形成され、この迂回水路が水流の洗掘作用によって拡大して、堤防本体の法尻を浸食した。

その後、流水位は本堤法尻以下になったが、迂回水路の深さが堰可動部敷高よりも低くなったため、迂回水路の水勢は弱まることなく堤防本体を浸食し続け、ついに、これを崩壊流失させるに至り、引き続き浸食が堤内地に及んだ結果、同月1日深夜から同月3日午後3時までの間に堤内地の住宅地面積約3,000平方メートル、原告らの所有又は居住に係る家屋19棟が流失する災害が発生した。

　なお、降雨の開始から終了までの総雨量は、大正2年以来最大規模のもので、洪水の規模は明治43年及び昭和22年に発生した洪水等とほぼ同程度のものであった。

　原告らは、原告らの家屋の流失被害は、国による多摩川の河川管理等の瑕疵に起因するとして、国家賠償法に基づき損害賠償を求めた。

　第1審は同瑕疵を認めて原告らの請求を一部認容したが、控訴審は第1審判決を取消し、原告らの請求を棄却。原告らが上告。

　なお、破棄差戻後の控訴審では、下記判示によって示された基準に基づき審理がなされ、結論として同瑕疵を認め、原告らの請求を一部認容した（確定）。

②判決の要旨（破棄差戻）

　（上述（1）の裁判例によって示された判断基準と同様の判断基準を示した上で）「工事実施基本計画が策定され、右計画に準拠して改修、整備がされ、あるいは右計画に準拠して新規の改修、整備の必要がないものとされた河川の改修、整備の段階に対応する安全性とは、同計画に定める規模の洪水における流水の通常の作用から予測される災害の発生を防止するに足りる安全性をいうものと解すべきである。

　けだし、前記判断基準に示された河川管理の特質から考えれば、改修、整備がされた河川は、その改修、整備がされた段階において想定された洪水から、当時の防災技術の水準に照らして通常予測し、かつ、回避し得る水害を未然に防止するに足りる安全性を備えるべきものであるというべきであり、水害が発生した場合においても、当該河川の改修、整備がされた段階において想定された規模の洪水から当該水害の発生の危険を通常予測

することができなかつた場合には、河川管理の瑕疵を問うことができないからである。

　また、水害発生当時においてその発生の危険を通常予測することができたとしても、右危険が改修、整備がされた段階においては予測することができなかつたものであつて、当該改修、整備の後に生じた河川及び流域の環境の変化、河川工学の知見の拡大又は防災技術の向上等によつてその予測が可能となつたものである場合には、直ちに、河川管理の瑕疵があるとすることはできない。

　けだし、右危険を除去し、又は減殺するための措置を講ずることについては、前記判断基準の示す河川管理に関する諸制約が存在し、右措置を講ずるためには相応の期間を必要とするのであるから、右判断基準が示している諸事情及び諸制約を当該事案に即して考慮した上、右危険の予測が可能となつた時点から当該水害発生時までに、予測し得た危険に対する対策を講じなかつたことが河川管理の瑕疵に該当するかどうかを判断すべきものであると考えられるからである。」

　「本件河川部分については、基本計画が策定された後において、これに定める事項に照らして新規の改修、整備の必要がないものとされていたというのであるから、本件災害発生当時において想定された洪水の規模は、基本計画に定められた計画高水流量規模の洪水であるというべきことになる。

　また、本件における問題は、本件堰及びその取付部護岸の欠陥から本件河川部分において破堤が生じたことについて、本件堰を含む全体としての本件河川部分に河川管理の瑕疵があつたかどうかにある。

　したがつて、本件における河川管理の瑕疵の有無を検討するに当たつては、まず、本件災害時において、基本計画に定める計画高水流量規模の流水の通常の作用により本件堰及びその取付部護岸の欠陥から本件河川部分において破堤が生ずることの危険を予測することができたかどうかを検討し、これが肯定された場合には、右予測をすることが可能となつた時点を確定した上で、右の時点から本件災害時までに前記判断基準に示された諸

制約を考慮しても、なお、本件堰に関する監督処分権の行使又は本件堰に接続する河川管理施設の改修、整備等の各措置を適切に講じなかつたことによつて、本件河川部分が同種・同規模の河川の管理の一般的水準及び社会通念に照らして是認し得る安全性を欠いていたことになるかどうかを、本件事案に即して具体的に判断すべきものである。」

【判決のポイント】

• 河川の瑕疵の有無に係る判断基準について、上述（1）の裁判例の基準によりつつ、工事実施計画が策定されている場合の瑕疵の有無に関する判断基準を示した。

• 堰及びその取付部護岸の欠陥から破堤が生じたことについて、当該堰を含む全体としての河川部分に河川管理の瑕疵があったかどうかに関する判断プロセスを示した。

（6）水戸地判令和4年7月22日（判例時報2570号28頁）（鬼怒川水害訴訟事件）

①事案の概要

「平成27年9月に発生した台風の影響により、関東地方において記録的な降雨が観測され、この降雨により一級河川である利根川水系鬼怒川の水位が高くなり、茨城県常総市（中略）内の流域において、その水位が現況堤防高を越え、又は堤防が決壊し、これによる流入水が常総市内に広がる氾濫が発生した。」

「当時、常総市内（中略）に居住しあるいは主たる事業所を有していた者」たる原告らが、鬼怒川を管理していた国に対し、A地区について、「堤防の役割を果たしていた砂丘を保全するために当該砂丘を含む区域を河川区域に指定するべきであったにもかかわらず」これを怠ったことは河川管理の瑕疵に該当し、かかる瑕疵に起因して当該砂丘が太陽光発電事業者により掘削されて氾濫被害にあった等として、国家賠償法に基づき、原告らの氾濫被害に係る損害賠償を求めた。

②判決の要旨（請求一部認容）

　（上述1の裁判例によって示された判断基準と同様の判断基準を示した上で）「河川法は、河川区域内の土地について、占用、土石等の採取、工作物の新築等、掘削等を行う場合には河川管理者の許可が必要である旨を定めており、河川管理者は、河川管理に支障を生じさせるような開発行為を制限することができる（河川法24条ないし27条）。

　そのような河川管理者の許否権限が及ぶ範囲である河川区域については、河川法6条1項各号がこれを定めているところ、同1号及び2号が法律上当然に河川区域となる場合を定めるのに対し、同3号は「堤外の土地（政令で定めるこれに類する土地（中略）を含む。（後略））の区域のうち、第1号に掲げる区域（1号地）と一体として管理を行う必要があるものとして河川管理者が指定した区域」と、河川管理者の指定によって初めて河川区域となる場合を定めている。

　ここにいう「堤外の土地に類する土地」とは、「地形上堤防が設置されているのと同一の状況を呈している土地のうち、堤防に隣接する土地（後略）」をいうものであり（河川法施行令1条1項1号）、同号の「一体として管理を行う必要があるもの」として河川管理者が河川区域に指定するべきか否かについては、河川区域の指定が私権の制約を伴うものであり、地権者との調整を要することなどを踏まえると、河川管理者の合理的な裁量に委ねられていると解される。

　もっとも、（中略）河川管理者には、災害の発生を防止するために河川を適切に管理するべき義務があり、そのために上記掘削等の許否の権限が付与され、その権限を行使する前提として河川区域の指定が必要となることからすると、上記河川法の趣旨・目的に照らし、同号の要件に該当する場合には、災害の発生防止の観点から、適切に河川区域の指定がされなければならないものと解される。

　したがって、特定の土地につき、同号の要件に該当するものと認められ、かつ河川法上の規制が及ばないことにより重大な被害が発生することが具体的に予見できる場合には、私権の制約に優越する利益があることは明ら

かであるから、特段の事情がない限り、河川管理者には河川区域に指定するべき義務があるというべきである。

　以上を踏まえると、河川管理者において、上記の場合に当たるものとして特定の土地を河川区域に指定するべきであったにもかかわらず、これを怠ったために河川が備えるべき安全性を欠いて他人に危害を及ぼす危険性のある状態となった場合には、被告の河川管理に瑕疵があるものと解するのが相当である。」

　「本件砂丘は、「地形上堤防が設置されているのと同一の状況を呈している土地のうち、堤防に隣接する土地」に当たると認めら」れ、また、「おおむね〔治水安全度〕1/30の規模の洪水を安全に流下させることができる程度の安全性を有していた本件砂丘について、堤防区間と併せて山付堤としてその現状を維持することは、〔A〕地区の治水安全度を維持する上で極めて重要であったというべきであり、（中略）本件砂丘については、その現状を維持するために、これを河川区域として管理を行う必要があったものと認められる。」

　「そして、（中略）昭和55年ころまでの間に本件砂丘は大きく減少していたから、被告において、以後に本件砂丘が掘削等によりさらに損なわれてその尾根がより低くなる可能性は十分に認識することができたというべきであり、また、本件砂丘の掘削等がされ、現況地盤高が計画高水位を大きく下回るなどして（中略）、その治水安全度が1/10の規模の洪水にも耐え得ないものとなった場合には、当該箇所に築堤されるまでに相当長期間を要することを考慮すれば、その間に1/10の規模の洪水が発生し、氾濫が生じる蓋然性を具体的に予見できたというべきである。

　さらに、被告は、〔A〕地区で氾濫が発生した場合には多数の地域住民らの生命・身体・財産に重大な被害が及び得ることは容易に予見できたものと認められる。」

　「したがって、本件砂丘を含む区域は3号地の要件に該当するものと認められ、かつ、被告には当該土地を河川区域に指定するべき義務があったというべきである。」

　「以上の次第で、被告は、本件砂丘を含む区域を河川区域として指定するべきであったにもかかわらず、これを怠っていたものであり、そのために本件砂丘が掘削され、計画高水位を大きく下回る地盤高となり治水事業の過程における改修、整備の段階に対応した河川が備えるべき安全性を欠いて他人に危害を及ぼす危険性のある状態となったから、〔Ａ〕地区に係る河川の管理については、（中略）河川管理の瑕疵があったものと認められる。」

【判決のポイント】

・河川の瑕疵の有無に係る判断基準について、上述（1）の裁判例の基準によりつつ、河川管理者が河川区域に指定するべき義務がある場合について、その要件を示した。

・当該要件に照らし、河川管理者による砂丘を含む区域を河川区域として指定するべき義務の有無について、具体的に判断を行った（瑕疵を肯定）。

（7）神戸地姫路支判平成25年4月24日（判例タイムズ1405号110頁）（佐用町集中豪雨事件）

①事案の概要

　平成21年8月9日に兵庫県西播磨地域で発生した集中豪雨の発生時、避難場所へ移動中に激しく流れる溢水に足を取られ、農業用水路に流されて死亡・行方不明となった被災者の遺族である原告らが、「本件罹災の結果が生じたのは、〔Ａ町の〕町長が、本件集中豪雨時に、災害対策基本法及びこれに基づき策定された「〔Ａ〕町地域防災計画」（中略）が規定する権限を適切に行使せず、適時に適切な内容の避難勧告をせず、又は不適切な内容の避難勧告若しくは避難準備情報の提供をしたためである」として、Ａ町に対し、国家賠償法に基づき、損害賠償を求めた。

②判決の要旨（請求棄却）

　「避難勧告は、本件防災計画においても確認されているように、地方自治体がその対象地域の住民等に対し、避難行動をとることを強制するものではなく、住民が当該勧告を尊重することを期待して避難の立退きを勧め、

又は促すものであるから、住民らは、任意の判断により、避難するかどう
かを決定することができる。

　また、住民に対する危険の程度、状況は、個別性が強いものであるから、
避難するかどうかそのものが、最終的には、個人の判断に委ねられるとも
いえるものである。

　したがって、避難勧告は、法的拘束力を有するものではないから、対象
者に対し、原則として不利益を課すことになる行政処分にみられるような
処分性を認めることはできない。

　しかしながら、市町村長による避難勧告の発令は、助成的・受益的行政
指導の面を有する一方で、その対象となった地区住民らに対し、避難のた
めに自宅等から立ち退き、別の場所にある避難場所へと移動する等という
具体的な行動をすることを、任意ではあれ、求めるものである以上、これ
が住民等に与える影響・不利益は、決して小さなものではない。

　したがって、これが国家賠償法1条1項が規定する「公権力の行使に当
たる公務員」が行う「職務」に当たることは明らかであり、違法性の判断
においても、処分行為と異なる判断をすべき理由はない。

　そうすると、避難勧告についても、具体的事情の下において、市町村長に
発令の権限が付与された趣旨・目的に照らし、その不行使が著しく不合理と
認められる場合には、違法と評価される場合があるというべきである。」

　ただし、「上記権限の不行使は、具体的事情の下において、市町村長に
上記権限が付与された趣旨・目的に照らし、その不行使が著しく不合理と
認められるときでない限り、違法と評価されることはないというべきであ
る（最高裁判所平成元年11月24日第二小法廷判決・民集43巻10号
1169頁等参照）。」

　「もっとも、災害対策基本法が、対象地域の住民等の生命及び身体を保
護することを目的として、市町村長に避難勧告を発令する権限を付与した
こと及び（中略）本件防災計画の策定等の経緯に鑑みれば、被告町長は、
本件防災計画が定める基準が不合理なものでない限り、避難勧告の発令の
要否を検討するに際しては、これに従う義務があるというべきであり、特

段の事情がないのに、これに従わずに避難勧告発令の権限を行使しなかったときは、その不行使が著しく不合理と認められる場合に当たるものとして、違法と評価されるものと解するのが相当である。

　そうすると、被告町長は、本件防災計画が定める避難勧告を発令すべき基準に該当する事態が生じたときは、特段の事情がない限り、本件防災計画に従って、避難勧告を発令する義務があるというべきであり、この義務を怠ることは違法であり、かつ、少なくとも過失があると推認されるから、これによって住民等に被害が生じた場合には、その損害賠償責任が問題となるといえる。」

　「本件集中豪雨は、既にその進路が予想され、天気予報等でも厳重な注意ないし警戒が呼びかけられていた大型又は強い台風が上陸又は接近した場合とは異なり、前日に発生し、当日降水量が急に増加した段階になって、初めて台風となった熱帯低気圧によって、もたらされたものである。

　気象庁は、（中略）未曾有の集中豪雨が発生することまでは予報しておらず、当日の午前11時50分に至るまでは、〔A〕町を含む播磨北西部に対し、大雨洪水注意報すら発令していなかった。

　それにもかかわらず、〔A〕町では、台風本体から遠く離れた雨雲によって、局地的に極めて急速に降雨量が増加し、観測史上の記録を大幅に更新する大量の降雨があり、これが（中略）本件罹災を含む重大な被害を発生させたものである。」

　「本件集中豪雨当時、このような災害が発生することを予見することは、被告にとって不可能であったとまで断言できるかどうかはともかくとして、少なくとも著しく困難であった」というほかなく、「被告町長には、本件集中豪雨当時、本件被災者が居住していた（中略）集落に対する避難勧告に関し、その与えられた裁量権を逸脱する権限不行使又は行使があったということはできない」。

【判決のポイント】

・市町村長による避難勧告（当時）の発令に係る権限の不行使が国家賠償法上違法と評価される場合について、その要件を示した。

- 当該要件に照らし、被告町長の避難勧告の発令に係る権限の不行使が違法と評価されるか否かについて、具体的に判断を行った（違法性を否定）。

2 事前準備へのフィードバック

　国又は自治体を当事者とする水害をめぐる裁判は、その多くが大雨に起因する河川の氾濫を原因とする被災者の身体的・財産的損害につき、国家賠償法における「河川〔中略〕の設置又は管理に瑕疵があった」（同法2条1項）ものとして賠償を求めるものである。

　このことから、河川の設置又は管理の瑕疵とは何かが、多くの裁判例で示されてきたが、この点に関する判断基準については、現在では上述1（1）の裁判例における判決要旨の判示事項に集約されているといえるだろう。

　すなわち、国家賠償法2条1項にいう「営造物の設置又は管理」の瑕疵について、営造物が通常有すべき安全性を欠いて他人に危害を及ぼす危険性のある状態をいい、このような瑕疵の存在については、「当該営造物の構造、用法、場所的環境及び利用状況等諸般の事情を総合考慮して具体的個別的に判断すべきものである」とした。そして、河川の設置又は管理についての瑕疵の有無については、治水事業に関し、「議会が国民生活上の他の諸要求との調整を図りつつその配分を決定する予算のもとで、」必要性・緊急性の高いものから逐次改修を実施していくほかはない、という財政的制約、長い工期を要するという時間的制約、流域全体について総合的に調査検討の上、緊急に改修を要する箇所から段階的に、また下流から上流に向けて行うことを要するなどの技術的制約、流域の開発等による雨水の流出機構の変化や治水用地の取得難などの社会的制約が内在するとした。そして、「過去に発生した水害の規模、発生の頻度、発生原因、被害の性質、降雨状況、流域の地形その他の自然的条件、土地の利用状況その他の社会的条件、改修を要する緊急性の有無及びその程度等諸般の事情を総合的に考慮し、前記諸制約のもとでの同種・同規模の河川の管理の一般

水準及び社会通念に照らして是認しうる安全性を備えていると認められるかどうかを基準として判断すべきである」とするものである。

こうした判断基準から得られる水害対策の事前準備へのフィードバックとしては、大きくは２つの事項に分けられる。

ひとつは、判断にあたって考慮すべき諸要素（以下「水害対策考慮要素」という。）に係る事項から得られるものであり、もうひとつは、同じく諸制約（以下「水害対策諸制約」という。）に係る事項から得られるものである。

水害対策考慮要素については、大きく自然的条件、社会的条件、緊急性に分けられ、水害対策諸制約については、さらに財政的制約、時間的制約、技術的制約、社会的制約に分けられる。

そして、水害対策考慮要素のうち、自然的条件及び社会的条件に含まれる諸要素をみると、浮かび上がってくるのは精度の高いハザード情報の必要性である。

そして、かかる精度の高いハザード情報を前提として、ある河川の特定区域における水害対策の緊急性の有無及びその程度を見極め、緊急性が有り、かつ、緊急性が高いと結論付けられるものについては、原則として当該水害対策の不実施は河川の設置又は管理の瑕疵と判断される可能性が高いと考えられる。

ただし、このような原則的運用は、水害対策諸制約によって一定の修正を受けるものといえる。

すなわち、水害対策の緊急性が高くても、そのために莫大な費用を要する場合（財政的制約）、対象区域が相当広域にわたり、下流から上流にかけて順次水害対策を講じざるを得ない場合（時間的制約、技術的制約）、対象区域における地権者からの用地取得が難航する場合（社会的制約）などでは、結果的に水害が防げなかったとしても、そのことから直ちに河川の設置又は管理に瑕疵があったと判断されるわけではないと考えられる。

ここで、自治体にとって留意が必要なのは、河川にかかる水害対策の要否は水害対策考慮要素をもって判断されるのが原則であり、水害対策諸制

約はあくまで一定の修正要素に過ぎないのであって、水害対策への取組みは「水害対策諸制約ありき」ではないということである。

　この点の意識が逆転してしまうと、例えば、「予算がない」「用地が取得できない」の一事をもって、必要とされる水害対策が実施されないという状況が生じかねない。

　裁判所が許容しているのは、水害対策の緊急性が認められる場合における、水害対策諸制約に起因する当該対策実施の一定程度の長期化や優先順位の設定であると考えられ、特段の措置を講じることなく必要とされる水害対策が長期化することや、漫然と見送ることを許容するものではないと考えられる。

　そして、河川の設置や管理について、現実には水害対策諸制約がある中で、考え得る限りで最も実効的な水害対策を実施するためには、自治体が精度の高いハザード情報を取得し、緊急性の高い水害対策が必要な区域を絞り込むことで、財政的、時間的、技術的諸制約をクリアしつつ、例えば任意の用地取得が困難であるといった社会的制約がある場合には、土地収用法の活用を視野に入れるといった対応が考えられるだろう（緊急性の高い河川の水害対策に関連する土地収用が、同法３条２号及び４条の要件を満たすことはまず争いがないであろう）。

　また、河川については、国、都道府県、市町村による多層的な管理がなされ、同一自治体内でも河川管理担当部門のみならず、下水道担当部門等も関連性を有するものであることから、実効的な水害対策のためには自治体内部及び自治体間並びに国・都道府県・市町村の横断、広域、多層にわたる組織的対応が不可欠であるといえる。

　以上に述べてきた、「精度の高いハザード情報」と「自治体内部及び自治体間並びに国・都道府県・市町村の横断、広域、多層にわたる組織的対応」は、防災まちづくりに通じるものである点に留意されたい（本章第１節「３　水害対策とまちづくり」39頁以下参照）。

　いうなれば、裁判所によって示された河川の設置又は管理の瑕疵に係る判断基準は、政策的観点から防災まちづくりにとって不可欠と考えられる

要素を、河川を例にとって法的観点から分析し、法規範として再定義したものである。

　ただし、裁判所によって示されたのはあくまで河川の設置又は管理の瑕疵に係る判断基準であり、国や自治体が損害賠償という形で法的責任を負うか否かに係るものであって、自治体にとって河川に係る水害対策の適法・違法にかかわるいわば最低ラインの規範である。

　むろん、こうした法的観点からのフィードバックにも重要性があるものの、自治体としては、さらに水害対策の当・不当にまで及ぶ政策的観点からのフィードバックまで意識することが求められるだろう。

　例えば、上述１（７）の裁判例のように、原告らから、適時に適切な内容の避難勧告をせず、又は不適切な内容の避難勧告もしくは避難準備情報の提供をしたため損害を被ったと主張された事案について、自治体の法的な責任は否定されているが、かかる損害の発生は、当該自治体が精度の高いハザード情報を有していれば防げた可能性もあったであろう。

　では、当時、どのようなハザード情報が、どのレベルで存在すればかかる損害の発生を防ぐことができたのか、これらの点の分析をすることが法的観点を超えた政策的観点からのフィードバックにつながるといえる。

　また、河川の設置又は管理の瑕疵に係る裁判例において示された法規範の一般化には慎重な姿勢が求められるものの、その根本的なスタンス、すなわち、水害対策に係る国や自治体の法的責任の有無については、水害対策諸制約を一定の修正要素としつつ、水害対策考慮要素によって判断されるという点については、河川以外にかかわる水害、例えば山間部における土砂災害でも同様であると考えられる。

　ただし、留意が必要なのは、水害対策考慮要素については、ほとんどの水害に共通すると考えられる一方、水害対策諸制約は、水害の種類によって共通する部分と、異なる部分があるという点である。

　例えば、特に財政的制約については、多くの水害対策において共通する制約となり得る一方、河川における技術的制約として挙げられていた下流から上流に向けて行うことを要するといった点については、山間部におけ

る土砂災害では当てはまらないだろう。

　これらのことからいえるのは、自治体としては、河川の氾濫や土砂災害等の水害全般にわたる水害対策考慮要素として、自然的条件、社会的条件、緊急性を勘案し、そのためのベースとして精度の高いハザード情報の取得に注力する必要があるということである。

　一方で、水害対策諸制約については、水害の種類に由来する特性を踏まえた見極めが求められるところ、かかる制約があるからといっていわゆる思考停止に陥ることなく、精度の高いハザード情報の活用や、自治体内部及び自治体間並びに国・都道府県・市町村の横断、広域、多層にわたる組織的対応によって、着実に水害対策の推進を図るべきである。

　自治体が事前準備として適切な水害対策を講じれば、救える住民等は1人、また1人と増えていく。

　水害によって命や財産を失った住民等又はその遺族の方々の悲しみや苦悩を映し出す裁判例から、自治体が未来の水害から救うべき住民等のために得られるものは決して少なくない。

　本書における裁判例の紹介と分析、そこから得られる自治体の水害対策に係るフィードバックの記述は、限定的な情報と思考に基づくひとつの例に過ぎない。

　本書の読者のうち自治体職員には、本書の記述を参考として、それぞれの所属する自治体の組織構造・ガバナンスの現状や地域特性も踏まえた裁判例分析を実施し、水害対策のための法的・政策的観点からのフィードバックを少しでも多く得て、それに基づき着実に水害対策を推進していただきたいところである。

初動・応急編

災害救助法の実践的実務対応

1 災害救助法の適用とその効果

　災害救助法は、適用基準（本書第2章第1節2・3）を満たす災害が発生した場合に、都道府県知事又は救助実施市が適用を決定することで発動される。適用基準を満たすような場合に都道府県があえて適用をしないという選択はあり得ない。ここでの課題は、いかに早期の段階で適用決定をして公示できるか、本来適用すべき場合を見逃さないか、である。

　災害救助法が適用されると、災害対応や災害救助の実施主体が、市町村から都道府県へと移る（救助実施市となっている政令市を除く）。都道府県は救助事務を市町村に委任可能であるため、実際に市町村の現場が実践する内容には変化はないだろう。

　災害救助法適用の最大の効果は、市町村が費用負担をしなくてよくなること、都道府県が負担する災害救助費の最大半額が国庫負担となることにある。国の予備費支出や補正予算編成、さらに特別地方交付税交付金などの支援もあり、およそ自治体レベルでの災害救助予算の心配はなくなるので、躊躇することなく最大限の支援が可能となるのが災害救助法を適用する価値である。

　災害救助法は、自治体が初動から応急、復旧までにいかなる業務を最低限実施すべきかについて「救助の種類」を定めている。災害対応にかかわる者は、災害救助法、同施行令、同施行規則、「災害救助法による救助の程度、方法及び期間並びに実費弁償の基準」（平成25年内閣府告示第228号。以下、内閣府一般基準告示ともいう。）、「災害救助法施行令第一条第一項第三号の内閣府令で定める特別の事情等を定める内閣府令」（平成25年内閣府令第68号）については、そのすべてに隅々まで目を通しておく必要がある。

　加えて、法令上の災害救助を行うための詳細な解説書である「災害救助

事務取扱要領」（内閣府政策統括官（防災担当））は、これまでの災害で実際に行われてきた災害救助法運用の「最低基準」を示すものであり、自治体職員であれば全員必携・必読の資料である。ただし、高頻度で更新されるため常に最新版を手元に置く必要がある。旧基準での支援はかえって被災者の救助を後退させることになるため注意が必要である。

　実際の救助をどのように行うべきかについては、例えば避難所の設置と運営に関しては、第1章第1節4でも一部に触れたように、「避難所における良好な生活環境の確保に向けた取組指針」（令和4年4月改定）、「避難所運営ガイドライン」（令和4年4月改定）、「避難所におけるトイレの確保・管理ガイドライン」（令和4年4月改定）、「福祉避難所の確保・運営ガイドライン」（令和3年5月改定）といった指針やガイドラインに記述された水準を満たすことが不可欠である。ガイドライン等は本書執筆時の最新版のタイトルと日付を示したものであるが、これらも随時更新されるため、最新版に基づき対応するよう注意が必要である。また、東日本大震災当時の通知や事務連絡のような過去の先例も十分参考になるので、事前に調査し情報を入手しておくことが望ましい。

（内閣府HP）

　以上の法令、告示、ガイドライン等の活用方法については、『改訂版　自治体職員のための災害救援法務ハンドブック－備え、初動、応急から復旧、復興まで－』（中村健人・岡本正著、第一法規、令和3年）に具体的な時系列を意識して解説しているので、参照されたい。また、過去の通知や事務連絡の一部については、『自治体の機動力を上げる　先例・通知に学ぶ大規模災害への自主的対応術』（室﨑益輝・幸田雅治・佐々木晶二・岡本正著、第一法規、令和元年）や日本災害復興学会のウェブサイトで合計1,000通以上の通知や事務連絡が記録されているので参照されたい。

2 災害救助法の適用基準（事前適用）

　令和３年の法改正によって、災害等が発生するおそれがある場合で、国が特定災害対策本部・非常災害対策本部・緊急災害対策本部のいずれかを設置した場合には、災害の起きる前でも災害救助法の適用が可能となった（災救法２条２項）。実務上、国が災害対策本部を設置するほどの状況では、事前適用について都道府県が判断に躊躇する必要はないといえる。

　事前適用の典型的な場面は、勢力の強い台風が上陸しそうで、広域避難の実施など基礎自治体との総合調整を必要とする場合などである。

　令和４年９月18日に鹿児島県に上陸した「令和４年台風第14号」の際は、前日の９月17日のうちに、国の特定災害対策本部が設置され、山口県、高知県、福岡県、佐賀県、長崎県、熊本県、大分県、宮崎県、鹿児島県の286市町村に災害救助法が事前適用された（法改正後最初の適用災害）。早期の避難所開設と早期警戒や避難の市民への呼びかけ、公共交通機関の計画運休、施設休館対応などが迅速に進んだ（『災害復興法学Ⅲ』参照）。

　災害救助法の事前適用により、災害救助法の定める救助の種類のうち「災害が発生するおそれのある段階の避難所の供与」が国費負担内容となる（災救法４条２項）。一般基準の告示では具体的内容は明記されておらず、「災害救助事務取扱要領」に、災害救助法により負担される経費対象について「法による避難所の設置のために支出できる費用は、避難所の設置、維持及び管理に必要な費用で、具体的には、概ね次に掲げる費用である。災害が発生するおそれ段階における避難所の設置、維持及び管理のための費用については、建物の使用謝金や光熱水費とするが、避難所での生活期間は短期間であり、このことに留意して対応すること。なお、夏期のエアコンや冬期のストーブ、避難者が多数の場合の仮設トイレの設置費や、避難所の警備等のための賃金職員等雇上費など、やむを得ずその他の費用が必要となる場合は、内閣府と協議すること」と記述されている。

3 災害救助法の適用基準（災害発生時）

災害発生時に災害救助法を適用する場合の基準は、次の類型に大きく分けられる。

①都道府県や市町村の人口に応じた一定数以上の住家被害が生じた場合（災救法施行令1条1項1号から同3号前段）

②災害が隔絶した地域に発生するなどして、被災者について食品の給与等に特殊の補給方法を必要とし、又は救出に特殊の技術を必要とする場合で、かつ多数の世帯の住家が滅失した場合（災救法施行令1条1項3号後段・平成25年内閣府令68号第1条）

③発生した災害の程度が、多数の者が生命又は身体に危害を受け又は受けるおそれが生じた場合で、（a）地域に所在する多数の者が、避難して継続的に救助を必要とする場合、又は（b）被災者について、食品の給与等に特殊の補給方法を必要とし、又は救出に特殊の技術を必要とする場合（災救法施行令1条1項4号、内閣府令2条1号、同2号）

①と②は、多数の住家被害の存在を前提としており、災害直後に被害住家を数えなければならず、これらの基準を利用しての災害救助法の迅速適用は不可能である。そこで、③の基準（4号基準）を積極的に活用した円滑な法適用が求められる。国も4号基準の活用を強く推奨している。

都道府県は、市町村からの情報収集等により被害の大きさを察知することが必要だが、このとき市町村からの要望待ち、報告待ちになってはならず、都道府県側からの積極的な情報収集が不可欠である。被害市町村が情報提供や要望ができないことは、それだけで被害の程度が甚大であると推定すべきであり、法適用に躊躇すべきではない。

また、法適用について協議や調整を行う内閣府（防災担当）が具体的な住家被害の発生や人的被害の有無などについて、都道府県や市町村に調査報告を求めることは不適切である。現実の被害の発生などが確認できないからといって4号基準の適用を逡巡してはならない。市町村、都道府県及び国は、いかに4号基準を積極的に適用するかが重要であることについて

第2章

第1節　災害救助法の実践的実務対応

共通認識を持つべきである。

4 4号基準に関する判断指針

　内閣府（防災担当）は、都道府県知事及び救助実施市長に対して、発災時に迅速な災害救助法の適用判断ができる「4号基準」の積極活用を促すべく、「災害救助法施行令第1条第1項第4号に基づく災害救助法の迅速な適用について」（令和5年8月31日事務連絡）を発出した。「4号基準」を適用すべき具体的事例とその考え方を示しており参考になる。

　なお、事務連絡記載の場面以外であっても、4号基準の適用を排除する趣旨でないことは当然である。一律での数値的な最低基準なども存在しない。例えば、「震度5弱以上であるべき」「河川において堤防溢水や洪水害が現実に起きることが必要」などの考え方は誤りである。むしろ被害が不明確で法適用に迷う場合にこそ、適用を前提に内閣府と調整を図るのが都道府県や救助実施市の務めだと心得るべきである。

> ○災害救助法施行令第1条第1項第4号に基づく災害救助法の迅速な適用について（令和5年8月31日事務連絡）抜粋
>
> 　下記の1から3をすべて満たす場合、又は、1を満たし、かつ、2又は3のいずれかを満たす場合は、法による応急的な救助が必要であると考えられるため、4号基準に基づく法の積極的な適用についてご検討いただきたい。
>
> 1．「都道府県災害対策本部」及び「市町村災害対策本部」が設置されていること。
> 〈考え方〉
> 都道府県災害対策本部・市町村災害対策本部は、「災害が発生し、又は災害が発生するおそれがある場合」に、「防災の推進を図るため」

に設置できることとなっているところ（災害対策基本法（昭和36年法律第223号）第23条第1項、第23条の2第1項）、「被災者の保護」と「社会秩序の保全」を目的とする法を適用するうえでは、都道府県及び市町村において災害対応のための体制が確保されていることが必要不可欠であるため、各災害対策本部が設置されていることが必要と考えられる。

2．災害により、現に住家被害が発生している、又は、発生する（発生している）蓋然性が高いこと。

〈具体的なチェック項目の例〉

・現に住家被害が発生している⇒都道府県知事等において、直接又は間接を問わず、住家被害（倒壊・流出・浸水等）が発生した事実を覚知していること

・住家被害が発生する蓋然性が高い⇒気象の状況から災害の切迫性が高まっていること（少なくとも、気象庁から「特別警報」が発令され、又は、市町村長から「緊急安全確保」が指示されている場合には適用を検討）

・住家被害が発生している蓋然性が高い⇒震度6以上の地震が発生したこと　など

〈考え方〉

・法による救助対象は、「災害が発生」した市町村内において、当該災害により「被害を受け」「現に救助を必要とする者」とされているため（法第2条第1項）、「現に住家被害が発生している」、又は、「発生する（発生している）蓋然性が高い」場合は、法による応急的な救助が必要であり、4号基準の適用を検討すべきと考えられる。

・その際、面的な広がりを持つ災害（地震、浸水等）の場合には、1棟でも住家被害が発生した事実があれば、その周辺の住家にも同様の被害が生じている蓋然性が高いことから、都道府県知事等

において、直接又は間接を問わず、そうした事実を覚知している場合は、4号基準の適用を検討すべきと考えられる。

・特別警報は、「予想される現象が特に異常であるため重大な災害の起こるおそれが著しく大きい場合」に発令され（気象業務法第13条の2第1項）、また、緊急安全確保は、「災害が発生し、又はまさに発生しようとしている場合」に指示される（災害対策基本法第60条第3項）こととなっており、住家被害が発生する（発生している）蓋然性が高いことから、少なくとも、これらが発令・指示されている状況下では、4号基準の適用を検討すべきと考えられる。

・「震度6」以上の地震においては、何らかの住家被害が発生する（発生している）蓋然性が高いことから、4号基準の適用を検討すべきと考えられる。

3．原則として避難所が開設され（※）、避難生活が継続すると見込まれること。

〈具体的なチェック項目の例〉

・一定規模の住家被害が発生していること

（※）避難所が開設されていない場合でも、大規模な停電・断水、集落の孤立等が発生した事実を都道府県知事等が覚知し、かつ、それらの復旧・解消に一定期間を要することが見込まれることなど

〈考え方〉

・災害が発生したときは、遅滞なく、避難所を供与することが自治体の責務とされているところ（災害対策基本法第86条の6）、実際に「避難所が開設」され、かつ、「避難生活が一定期間継続すると見込まれる」場合は、法による応急的な救助が必要であり、4号基準の適用を検討すべきと考えられる。

・「一定規模の住家被害が発生している」場合は、避難生活が継続

する蓋然性が高いことから、4号基準の適用を検討すべきと考えられる。

・電力会社等からの情報、今後の気象予測、人的・物的資源の状況等から、大規模な停電・断水、集落の孤立等が発生しており、かつ、それらの復旧・解消に一定期間を要すると見込まれる場合は、多数の者が継続的に救助を必要とする（※）蓋然性が高いことから、4号基準の適用を検討すべきと考えられる。

※災害救助法施行令第一条第一項第三号の内閣府令で定める特別の事情等を定める内閣府令（平成25年内閣府令第68号）第2条第1号

COLUMN③　風水害と災害救助法の不適用をめぐる教訓

　大規模自然災害や比較的被害が大きかった災害であっても、災害救助法が適用されなかったり、災害救助法の適用タイミングが遅かったりする事例があった。ここでは風水害で課題となった事例をいくつか振り返る（その他の災害を含めた詳細な考察は『災害復興法学Ⅲ』を参照）。

　令和元年9月3日に岡山県新見市でおきた「令和元年9月集中豪雨」は、住家被害が全半壊19棟、床上浸水82棟に及び、土砂災害の発生や農業施設被害が大きかった。岡山県は内閣府（防災担当）に災害救助法の適用を求めて調整を行ったが、人的被害が発生していなかったことや、農地の被害が中心だったことで、内閣府が適用に消極的であり、結局は適用に至らなかった。住家被害の大きさからすれば、災害現場に近い岡山県からの積極的な適用の求めがあったということを重く捉え、災害救助法を適用する余地は十分にあったと思われる。

　令和3年5月1日に静岡県牧之原市で起きた竜巻・突風被害は、災害直後の報道でも風速55メートルを記録し、住家被害は半壊8、一

部損壊94となり、非住家被害が倒壊8のほか38棟が被害を受けたことが判明した。しかし、災害救助法は適用されなかった。国、県、市においても積極的な動きは特に記録されていないようである。

　静岡県弁護士会は「令和3年5月1日に発生した竜巻・突風災害を踏まえ、①静岡県及び被災市町に、同災害で被災した県民のために最大限の支援措置を講ずるよう求めるとともに、②静岡県に将来の自然災害に対する災害救助法の4号適用の積極的活用を提言する会長声明」を発表した。災害救助法が適用されないことで、応急修理制度や仮設住宅の提供などの支援（第3章第2節参照）が積極的に実施されないことについて問題提起をしたものである。本件は豪雨による浸水被害や洪水被害はなかったものの、「4号基準」による災害救助法の積極的活用を訴えた法令解釈の在り方としても極めて参考になる声明なので、ぜひ参照していただきたい。

　令和元年9月9日午前5時頃に千葉県に上陸した「台風第15号」（令和元年房総半島台風）は、同日午前8時頃に最大64万1,000世帯が停電するブラックアウト状態を引き起こした。ところが、千葉県と内閣府（防災担当）が調整して「多数の者の生命又は身体に危害を受ける恐れが生じ、避難して継続的に救助を必要とする」と「4号基準」による災害救助法適用を決定したのは、有識者やメディアの緊急提言などを経た、9月12日の夜になってからだった。のちの検証報告書や有識者による分析によっても、ブラックアウト復旧までの見込みを県が軽視していたことや、災害時の法務実務として「4号基準」による災害救助法適用の理解が不足していたことが記述されている。

　同じく令和元年房総半島台風により、令和元年9月8日の時点で多数の住家全壊被害や最大9,000軒の停電が確認されていた、東京都大島町（伊豆大島）では、災害救助法の適用が、被害発生から2週間以上経過した9月24日となった。災害救助法施行令1条1項1号に基づき「住宅に多数の被害が生じた」ことが理由である。ここでも「4号基準」による速やかな法適用を判断できずに、住家被害の件数を確

認してしまうという作業を、災害直後の過酷な現場で実施してしまったのである。

　令和元年10月の台風第19号（令和元年東日本台風）で、静岡県は、令和元年10月14日に、災害救助法施行令1条1号に基づき「住宅に多数の被害が生じた」として、伊豆の国市と函南町の2自治体にのみ災害救助法を適用した。静岡県以外のほとんどの県は、広域に「4号基準」の適用を決定しているが、静岡県だけ異例の判断となってしまった。しかし、実際のところ令和元年東日本台風では、初期の段階から静岡県内の20市町村で市街地浸水や住家床上浸水被害が発生していたことは間違いなく、速やかに広域に「4号基準」による災害救助法の適用をすべき事案だったといえる。

　以上の通り、振り返ると「4号基準」によって早期に災害救助法を適用すべきだったのではないかと思われる事案は多数存在している。災害救助の実施主体となる都道府県や救助実施市は、市町村の要望の有無や、被害確認の確定を待つことなく、果敢に災害救助法の適用を内閣府（防災担当）と調整すべき立場にあることは肝に銘じておかなければならない。

　被害報告が明確でないことや、市町村の現場が消極的であること（災害救助法に対する単純な理解不足に起因することが多く、適用を積極的に嫌っているわけでは決してない）は、災害救助法の適用を妨げる要素にはならないのである。

第2節 被災者救援・情報提供

1 避難情報と避難指示

　水害は、地震と異なり、特定の地域における実質的な被災までに、その備えのための一定の時間的猶予がある場合が多い。

　したがって、住民等が、当該水害に対して的確な備えができれば、被災による人的、物的被害の発生を、少なからず防ぐことが可能であるといえる。

　そして、これらの備えについては、住民等が自らの置かれている生活環境等を踏まえ、自ら実施するのが原則であるものの、特に住民等の生命・身体を守るための水害への備えに関し、自治体が大きな役割を果たすのが、避難情報の提供と避難指示である。

　こうした情報の提供や指示が的確になされれば、それがなされない場合に失われるおそれがある住民等の生命・身体を守ることが可能になる。

　ただ、ここでいう「的確に」が実務上は必ずしも容易ではなく、これまで国や自治体によって試行錯誤がなされてきた。

　その現在における到達点は、内閣府作成の「避難情報に関するガイドライン」（令和3年5月（令和4年9月更新））（以下「避難情報ガイドライン」という。）に集約されているといえよう。

(内閣府HP)

　避難情報ガイドラインは、市町村が高齢者等避難、避難指示、緊急安全確保等の避難情報の発令基準や伝達方法、防災体制等を検討するにあたって、参考とすべき事項を示したものであり、いわゆる技術的助言（地方自治法245条の4）に相当するものと考えられる（大脇成昭「避難・救助と法」、大橋洋一編『災害法』有斐閣、2022年、254頁）。

　避難情報ガイドラインは、自然災害のうち人的被害が発生するような洪水（外水）、雨水出水（内水）、土砂災害、高潮及び津波に伴う避難を対象としている一方、積乱雲の急な発達により発生する竜巻、雷、急な大雨と

いった現象については、適時的確な避難情報の発令が困難であることから、それらへの対処方法についてはガイドラインの別冊資料のⅣで紹介されている。

（内閣府HP）

　自治体としては、水害全般に対する避難にかかわる実務について、上記の主な水害については避難情報ガイドラインを参考としつつ、いわゆるゲリラ豪雨のような急な大雨に関する対処として、上記ガイドラインの別冊資料Ⅳや、そこで紹介されている気象庁作成の「積乱雲に伴う激しい現象の住民周知に関するガイドライン～竜巻、雷、急な大雨から住民を守るために～」（平成25年4月、平成27年3月改訂）も参考にする必要があるといえる。

（気象庁HP）

　現在、災害対策基本法56条等に基づく避難情報は、津波に係るものを除き5段階の警戒レベルを用いて発表されており、その概要については、避難情報ガイドラインに一覧表の形でまとめられている。

　かかる警戒レベルは、「居住者等がとるべき行動」と、その「行動を促す情報」（避難情報等：市町村が発令する避難情報と気象庁が発表する注意報等）とを関連付けるものであるが、気象庁作成の「段階的に発表される防災気象情報と対応する行動」（図表2-2）において、警戒レベル別の気象庁等の情報、市町村の対応、住民がとるべき行動が一覧表形式で分かりやすくまとめられている（「キキクル」については、本書67頁も参照）。

　そして、警戒レベル4における市町村の対応としての避難指示は、河川の氾濫等の高度の水害リスクが発生している状況下におけるものとして、そのタイミングを含む的確な判断が求められ、その判断が住民等の生命・身体にかかわるという意味で極めて重要性の高いものである。

　よって、市町村としては、避難指示にかかわる判断の的確性を高める必要があるが、そのために優先的に取り組むべきは、避難指示の発令基準の精緻化であると考えられる。

　実務上の観点からは、警戒レベル4に近づきつつある状況下において指揮をとる市町村長等の上層部のリーダーシップも、避難指示にかかわる判断の的確性を高める重要な、場合によっては最も重要な要素であると考え

図表2-1　警戒レベルの一覧表

避難情報等	居住者等がとるべき行動等
【警戒レベル5】 緊急安全確保 （市町村長が発令）	●発令される状況：災害発生又は切迫（必ず発令される情報ではない） ●居住者等がとるべき行動：命の危険　直ちに安全確保！ ・指定緊急避難場所等への立退き避難することがかえって危険である場合、緊急安全確保する。 　ただし、災害発生・切迫の状況で、本行動を安全にとることができるとは限らず、また本行動をとったとしても身の安全を確保できるとは限らない。
【警戒レベル4】 避難指示 （市町村長が発令）	●発令される状況：災害のおそれ高い ●居住者等がとるべき行動：危険な場所から全員避難 ・危険な場所から全員避難（立退き避難又は屋内安全確保）する。
【警戒レベル3】 高齢者等避難 （市町村長が発令）	●発令される状況：災害のおそれあり ●居住者等がとるべき行動：危険な場所から高齢者等は避難 ・高齢者等※は危険な場所から避難（立退き避難又は屋内安全確保）する。 　※避難を完了させるのに時間を要する在宅又は施設利用者の高齢者及び障害のある人等、及びその人の避難を支援する者 ・高齢者等以外の人も必要に応じ、出勤等の外出を控えるなど普段の行動を見合わせ始めたり、避難の準備をしたり、自主的に避難するタイミングである。例えば、地域の状況に応じ、早めの避難が望ましい場所の居住者等は、このタイミングで自主的に避難することが望ましい。
【警戒レベル2】 大雨・洪水・高潮 注意報 （気象庁が発表）	●発表される状況：気象状況悪化 ●居住者等がとるべき行動：自らの避難行動を確認 ・ハザードマップ等により自宅・施設等の災害リスク、指定緊急避難場所や避難経路、避難のタイミング等を再確認するとともに、避難情報の把握手段を再確認・注意するなど、避難に備え自らの避難行動を確認。
【警戒レベル1】 早期注意情報 （気象庁が発表）	●発表される状況：今後気象状況悪化のおそれ ●居住者等がとるべき行動：災害への心構えを高める ・防災気象情報等の最新情報に注意する等、災害への心構えを高める。

（出典：内閣府『避難情報に関するガイドライン』令和3年5月改定・令和4年9月更新、26頁、https://www.bousai.go.jp/oukyu/hinanjouhou/r3_hinanjouhou_guideline/pdf/hinan_guideline.pdf）

られるが、この点は多分に属人的な要素であることを踏まえると、市町村としては、かかるリーダーシップ発揮の前提ともなり得る避難指示の発令基準の精緻化をこそ優先すべきであろう。

　避難指示の発令基準については、避難情報ガイドラインにおいても水害の種類ごとに詳述されているが、市町村としては、避難情報ガイドライン

図表2-2 段階的に発表される防災気象情報と対応する行動

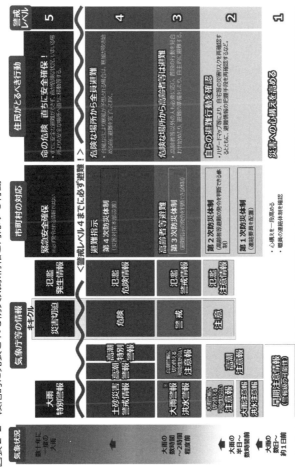

※ 夜間~翌日早朝に大雨警報（土砂災害）が発表されるような可能性がある場合には、暗くなる前に避難が完了できるよう、夕刻に高齢者等避難（警戒レベル3 避難情報等）を発令する場合もあります。

（出典：気象庁ホームページ「防災気象情報と警戒レベルとの対応について」 https://www.jma.go.jp/jma/kishou/know/bosai/alertlevel.html より）

の発令基準例をベースとしつつも、過去における当該市町村における水害の発生状況・規模、被害の内容・程度を、できる限り細分化された区域ごとに整理し、あわせて近年における全国的な水害の発生傾向・内容を、特に当該市町村と気候的・地理的条件が類似する自治体の例を中心に分析したうえで、これらの情報を統合し、当該市町村における住居等の建物の分布状況や構造等の社会的な特性のほか、気候的・地理的な特性等も勘案して、より精緻な発令基準を検討・策定すべきであるといえよう。

　また、避難指示の発令を最終的に判断する市町村長や当該判断にかかわる上層部については、上述の通りかなり属人的な要素ではあるが、平時における体制づくりによって、ある程度カバーできる側面もある。

　この点について、避難情報ガイドラインでは、「躊躇なく避難情報を発令するための体制」としてとりまとめられており、当該体制づくりの要素として、①全庁をあげた防災体制の構築と優先業務の絞り込み、②河川事務所・気象台等の職員、その経験者、防災知識が豊富な専門家等の知見を活用できるような体制の構築、③訓練及び研修を通じた改善、の３つを挙げて概説がなされており、また、詳細については内閣府作成の「市町村のための水害対応の手引き」（令和６年５月）が紹介されているので、あわせて参照されたい。

（内閣府HP）

　本書第１章第４節で紹介した裁判例（（7）神戸地姫路支判平成25年４月24日（佐用町集中豪雨事件））では、結論として避難勧告（当時）を発令しなかった町長の法的責任は認められなかったものの、裁判所が、判決理由の中で、仮に、町長が的確なタイミングで特定の集落に対して避難勧告を発令していたとすれば、被災者は、それに応じて、遅滞なく、河川が溢水する前に避難所とされていた小学校まで避難できていたことが十分に考えられるとし、当該被災者の死亡等という結果が回避できていた可能性は否定できないとしたうえで、当該被災者が、「避難所とされていた（中略）小学校へ早期に避難するか、又はなまじ外出することなく、（中略）団地内の２階建て住戸に留まっておれば、助かっていたはずであった」という、「被災者及び原告らの無念さ並びに（中略）早期の避難勧告や垂直

114

避難の勧告を発令しなかった被告町長に対する激しい憤りの念は、想像に難くないところである」と述べていることについては、自治体として重く受け止めるべきであろう。

2 安否不明者情報の氏名公表（氏名公表タイムライン）

　『改訂版　自治体職員のための災害救援法務ハンドブック—備え、初動、応急から復旧、復興まで—』において、「安否確認」（同書第2章1（2））や「行方不明者の氏名の公表」（同（3））について個人情報保護法制を含む災害法務実務を詳解したが、自治体の個人情報保護条例の廃止と個人情報保護法への一元化（令和5年4月施行）を踏まえて「防災分野における個人情報の取扱いに関する指針」（令和5年3月、内閣府（防災担当））が策定されたので、用語の整理や氏名公表に関する実務を解説する。

　安否不明者とは「行方不明者となる疑いのある者」をいい、行方不明者とは「当該災害が原因で所在不明となり、かつ、死亡の疑いのある者」をいう。いわゆる生死不明で救命のための捜索救助活動が急務なのは前者の「安否不明者」ということになる。内閣府・消防庁の通知「災害時における安否不明者の氏名等の公表について」（令和3年9月16日府政防第972号・消防災第132号）により、用語の整理が行われるまで、報道や行政文書では、安否不明者のことを行方不明者と表現していたので、過去の文書を参照する際には留意が必要である。

　「防災分野における個人情報の取扱いに関する指針」の「事例8：安否不明者の氏名等の公表」は、令和3年の内閣府・消防庁通知の考え方を踏襲している。「熱海市伊豆山土石流災害」（令和3年7月1日からの大雨）を契機に安否不明者の氏名公表と報道が災害救助に不可欠かつ有効であることが改めて印象付けられ、安否不明者の氏名公表については概ね次のとおり整理された。

①安否不明者の氏名は災害発生後速やかに都道府県が公表する。報道発表とともに必要な期間ウェブサイトに掲載する。不明者数が多い場合は判

明情報から順次速やかに公表し、更新記録を残しながら絶え間なくアップデートを行う。

②旅行者や一時滞在者についても遺漏なく情報収集を警察や家族などから行う。

③氏名公表に際して家族等の同意の有無を確認しないこと。

④公表された氏名は報道機関を通じて周知されることで広く一般から情報収集を行う。このため報道機関との事前調整や問い合わせ窓口整備を平時から行う。

⑤DV被害者、児童虐待被害者、住民票閲覧制限がある者等については公表対象から除外するなど留意すること。

⑥都道府県のみならず市町村が独自に早期に氏名公表をすることが適切な場合もあるので、必要な場合の氏名公表に躊躇しないこと。

　静岡県は「防災分野の個人情報の取扱いに関する指針」に先立ち「災害時における安否不明者の氏名等の公表について」を作成した。安否不明者に対しては「48時間以内」の氏名公表を目標とする、と具体的な時間を明記したことが特徴である。また報道機関への予告・調整も、「公表予定時刻の一定時間前（約6～12時間前）」に行い広く報道するよう要請することも記述されている。このように具体的な行動のタイミングやタイムリミットを明記する「氏名公表タイムライン」を整備することは、災害直後の混乱を回避する行動計画となるため有益である。

COLUMN④　自然災害と死者の氏名公表

　令和6年能登半島地震（令和6年1月1日）で石川県は、安否不明者については、遺族の同意を得ずして氏名と大まかな住所について、災害発生から55時間で第1報を公表するに至った。家族の同意を得ずに氏名公表をする基準を事前に定めていたことがスムーズな公表につながった。内閣府「防災分野における個人情報の取扱いに関する指針」が公表されたことを受け、全国の都道府県で、氏名公表について

は家族の同意を不要とする基準を策定する流れが作られていたことが奏功したといえる。

　過去の多くの水害においても、安否不明者の氏名公表の方針が市町村ごとにバラバラであったことを考えると（『改訂版　自治体職員のための災害救援法務ハンドブック―備え、初動、応急から復旧、復興まで―』43頁）、個人情報保護法の官民及び中央地方の一元化の意義は大きかったといえる。

　しかし、死者の氏名についてはいまだ迷走している。氏名公表に遺族の同意を条件として定める都道府県が多いが、果たして本当にこのままでよいのかどうかは検討を続ける必要がある。

　例えば能登半島地震では、石川県知事の、氏名は（その人が）生きていた証しで、関係者にとっても公益性の高い情報、という考えから、死者の氏名や住所、死因などを公表した。このとき、遺族感情を考慮し、丁寧に遺族の同意を得るプロセスを踏んだ。同県の基準は、死者の氏名を公表する条件として「遺族の同意」を挙げていた。同意を得る作業は丁寧なプロセスと高く評価できそうであるが、災害対応まっただ中で自治体の負担が過大になる運用は見直す余地もあるだろう。

　そもそも「遺族」といっても、死者とは別の人格である。遺族の中で意見が違うこともあるし、何親等までを指すのかもあいまいである。遺族の回答は、故人の遺志とは異なるかもしれない。個人情報の取扱いを定めた個人情報保護法が扱うのは生存者の情報で、死者は含まれない。同意が必要という法的根拠は見いだせない。遺族がいなかった人や遺族が同意しなかった人は、ずっと匿名のままなのだろうか。災害検証のためには、一定期間が経過した後でも公表する意義は大きい。ドメスティック・バイオレンス（DV）や児童虐待の被害者などを除き、すべての氏名を公表するべきだろう。

　死者の氏名は、その人が生きた証しとして将来に記憶を伝承するために必要である。国は死者の氏名についても公表を前提とし議論を深め、統一的な指針を策定する必要があるだろう。

第3節 応急対応

1 避難所の確保及び生活環境の整備等

　災害関連死（溺死・圧迫死・焼死等の直接死以外で当該災害と死亡との間に相当因果関係が認められるもの）を防ぐためには、避難生活の環境整備により健康を維持することが必要である。

　災害関連死の最大の要因のひとつは、避難所生活や在宅避難生活における住環境、食事環境、衛生環境の悪化から、疾病の発症、既往症の悪化、精神的ストレスによる健康の悪化等が引き起こされることにある。

　特に寝床の環境の整備（ベッドなどの整備によるエコノミークラス症候群や感染症発症の防止）、食事環境の整備（管理栄養士や調理師などの支援を受けた適温食の提供や要配慮者への介護食の提供）、衛生的なトイレ環境の整備（コンテナトイレやトレーラートイレなど水栓トイレの早期配備と専門業者による清掃管理）が重要であること（避難所TKB（トイレ・キッチン・ベッド）の整備）は、避難所でも、在宅避難でも共通している。これらの実践ノウハウについては、第2章第1節1記載の災害救助法を筆頭にした法令やガイドラインに詳細に記述されている。

　なかでも特に重要なところをダイジェストで切り出したものが、内閣府（防災担当）の通知「避難所の確保及び生活環境の整備等について」である。この通知は、災害救助法の適用が決定された直後に、内閣府から災害救助法が適用された都道府県や救助実施市に対して必ず発出されるもので、最優先かつ最低限実践しなければならないノウハウが凝縮されている。

　国から通知を受け取った都道府県は、直ちに当該通知やその後の関連通知・事務連絡を災害対策本部資料として広く部署に共有するとともに、ウェブサイトにも会議資料としてアップロードして外部公表することが必須である。混乱を極める被災地では、通知を受け取った部署から庁内共有したり、市町村の担当部署にのみ周知したりすることだけでは、通知の存

118

在自体が決して認知されないからである。

　災害救助法に基づき、全国の自治体や民間事業者からも支援を受ける以上、最新の知見である通知や事務連絡は、一般国民やメディアにとっても共通認識でなければならない。以下に令和6年能登半島地震が発生した令和6年1月1日の時点で、内閣府（防災担当）から災害救助法適用のあった石川県、富山県、福井県、新潟県に対して送付された通知を紹介する（図表2-3。各県とも同内容）。この通知もその後の災害救助法適用災害ではアップデートされていくので、あくまで当時の時点での最低限の知見として参照されたい。なお、当該通知は、内閣府ウェブサイトに公表されているが、当初は公表されておらず、粘り強く訴えて交渉をしたことで漸く公表に至ったものである。公表までには2週間以上かかっていることを付言する。

　通知には、最低限実施すべき、災害救助法に基づく行政機関の責務が列挙されるとともに、参考になるマニュアル類が網羅されている。災害救助法を初めて扱う担当者、臨時の応援職員、通知を直接受け取ることのない民間支援者らにとって極めて重要な通知であることがわかるであろう。

　これまでの特別基準や一般基準の柔軟運用の例としては、『自治体の機動力を上げる　先例・通知に学ぶ大規模災害への自主的対応術』『災害復興法学Ⅱ』『災害復興法学Ⅲ』でも詳解しているため参照されたい。

　令和6年能登半島地震では、避難所としてホテル・旅館等を活用できるとする事務連絡「避難所としてのホテル・旅館等の積極的な活用について」などが発出されている。実際、令和6年能登半島地震では、発災から約1週間のうちに、ホテル・旅館等を二次避難所（みなし避難所）として活用した場合の費用について、1泊3食付きの場合は10,000円／日、1泊食事無しの場合は8,000円／日へと増額する特別基準の設定が行われた。こうした通知の一部を以下に列挙する。

①避難所としてホテル・旅館等を活用できるとする事務連絡「避難所としてのホテル・旅館等の積極的な活用について」（令和6年1月6日事務連絡）

②在宅避難者、車中泊避難者、知人・親戚宅にて避難生活を送る被災者等への避難所における物資配布を遺漏なく行うよう注意喚起する内閣府事務連絡「在宅避難者等への物資の配布について（周知）」（令和6年1月8日事務連絡）

③住民を含む避難所利用者が民間のホテル・旅館等で入浴・宿泊等することができるとする内閣府事務連絡「避難所利用者の入浴等の支援について（留意事項）」（令和6年1月11日事務連絡）

④ホテル・旅館等を避難所とする場合にも一般的な避難所と同様に、食料や水、衣服・下着類、おむつや生理用品等の必要な物資を避難者に配布すべきことを確認する内閣府事務連絡「ホテル・旅館等に避難した者への支援について」（令和6年1月13日事務連絡）

⑤災害関連死の防止を主眼として、DMAT、保健師、福祉関係者、自主防災組織、民生委員、災害支援NPO等の民間団体等行政機関側が民間支援者らと連携し、アウトリーチで、在宅や車中泊などの避難所外被災者の把握と実際の支援を行うべきことや、物資配布と情報提供を行うべきことを助言する内閣府事務連絡「令和6年能登半島地震における避難所外被災者への適切な支援の実施について（依頼）」（令和6年1月17日府政防第105号）

⑥市町村がクリーニング事業者等に対して避難者の衣服等のクリーニングを依頼することも可能であることを助言する内閣府事務連絡「避難所における洗濯機会の確保について」（令和6年1月22日事務連絡）

⑦内閣府「避難生活支援リーダー／サポーター研修」（モデル研修）の資料を再構成して避難所運営ノウハウをまとめた内閣府事務連絡「避難所運営支援のための参考資料の送付について」（令和6年2月5日事務連絡）

⑧避難所を利用する被災者がいる地域に支援拠点を設置し、当該支援拠点において、在宅被災者等への物資供給や炊き出し支援を災害救助法の支援として行えることを再確認する内閣府事務連絡「在宅等で避難生活を送る被災者への継続的な支援について（依頼）」（令和6年2月20日事

務連絡）

　将来の大規模災害発生時（少なくとも災害救助法適用時）には、最低で
もこれらの水準での支援が確実に実施されるよう、都道府県や市町村側か
ら、内閣府（防災担当）に積極的に求めていく必要がある。

一般基準

　「救助の程度、方法及び期間は、応急救助に必要な範囲内において、
内閣総理大臣が定める基準に従い、あらかじめ、都道府県知事又は救
助実施市の長（以下「都道府県知事等」という。）が、これを定める。」
（災害救助法施行令3条1項）

特別基準

　「前項の内閣総理大臣が定める基準によっては救助の適切な実施が
困難な場合には、都道府県知事等は、内閣総理大臣に協議し、その同
意を得た上で、救助の程度、方法及び期間を定めることができる。」
（災害救助法施行令3条2項）

図表2-3　令和6年能登半島地震発生時に発出された通知

府 政 防 第 8 号
令和6年1月1日

石川県　災害救助担当主管部（局）長　殿
石川県　防災（避難所・福祉避難所）担当部（局）長　殿

内閣府政策統括官（防災担当）付
参事官（避難生活担当）

避難所の確保及び生活環境の整備等について（依頼）

　令和6年能登半島地震による災害により、多数の者が継続的に救助を必要としているところであり、必要に応じて、可能な限り多くの避難所の開設を図るとともに、避難所における生活環境を早急に整えることが重要である。
　特に、高齢者や障害者等の要配慮者については十分な配慮が必要である。
　このため、災害救助法を適用した市町村での避難所の生活環境の整備等について、「避難所における良好な生活環境の確保に向けた取組指針（令和4年4月改定）」等を参考としながら、下記のことに留意の上、十分な配慮をお願いしたい。

記

1．避難所の設置
　　避難所を開設する場合には、指定避難所の被災状況、周辺火災の延焼等の二次災害の可能性、危険物の有無などの安全面を直ちに確認の上、指定一般避難所、指定福祉避難所を設置すること。その際、設置した指定避難所の数では不足する場合には、公的宿泊施設、旅館、ホテル等の借り上げ等により避難所を確保すること。

2．避難所の生活環境の整備等
　　避難所の衛生的な環境の維持や避難者の健康管理のための十分な体制を確保するとともに、次の設備や備品等を整備し、被災者に対するプライバシーの確保、寒さ対策、入浴及び洗濯の機会の確保等を図るなど、生活環境の改善等を講じること。なお、整備に当たっては、原則としてリースを基本とするが、必要に応じて購入による整備も可能であること。また、停電により暖房機器が使用できない場合に備えること。
　①　　簡易ベッド（代用品等を含む。）、畳、マット、カーペット、毛布
　②　　マスク、消毒液等
　③　　間仕切り用パーティション、段ボールベッド、仮設スロープ

④　テレビ、ラジオ、暖房機器
⑤　公衆電話、公衆ファクシミリ
⑥　仮設トイレ、障害者用ポータブルトイレ
⑦　仮設洗濯場（洗濯機、乾燥機等の借上料等を含む。）、簡易シャワー・仮設風呂
⑧　仮設炊事場（簡易台所、調理用品等）
⑨　その他必要な設備備品

3．福祉避難所の設置
　　社会福祉施設等や公的宿泊施設等の協力を得て、実質的に福祉避難所として開設するなどの措置を講ずるとともに、ホテル・旅館等を活用し、高齢者、障害者、乳幼児等の要配慮者が避難する場合は、実質的に福祉避難所として活用することに努めること。また、一般の避難所については、要配慮者のニーズを把握し、福祉避難スペースを設けるなどの必要な対応を行うこと。

　　（注）福祉避難所については、避難所の災害救助費の基準額（1人1日あたり340円）に特別な配慮のために必要な通常の実費を加算することができる。特別な配慮のために必要な通常の実費については、以下の費用を想定している。
　　　・概ね10人の対象者に1人の相談等に当たる介護員等を配置するための費用
　　　・高齢者や障害者等に配慮したポータブルトイレ等の借上げ費用
　　　・日常生活上の支援を行うために必要な紙おむつ、ストーマ用装具等の消耗器材の購入費

4．炊き出しその他による食品の給与
　　炊き出しその他による食品の給与を実施する場合は、長期化に対応して、管理栄養士等を必要に応じて雇い上げるなどして、メニューの多様化、適温食の提供、栄養バランスの確保、高齢者や病弱者に対する配慮等、質の確保について配慮すること。

5．在宅避難者への物資・情報等の提供
　　被災した方には、在宅避難や親戚や知人の家等への避難を検討していただくよう促したところであり、在宅等で避難生活を送っている場合も考えられる。避難所は、在宅避難者が必要な物資・情報を受け取る場所という役割もあり、避難所に取りに来られた在宅避難者に必要な物資・情報等を提供すること。

6．特別基準の設定
　　災害救助法による救助については、「災害救助法による救助の程度、方法及び期間並びに実費弁償の基準」（平成25年内閣府告示第228号。以下「一般基準」という。）に基づき実施されているところであるが、被災状況等によっては、一般基準では対応できない場合もあることから、特別基準を設定することが可能であるので、幅広にご相談いただきたい。
　　なお、ホテル・旅館等を避難所として開設した場合の費用については、室料・食事料等を含めた基準額として、1人1泊税込み7,000円以内としているので、留意

すること。

（参考）
○ 避難所における良好な生活環境の確保に向けた取組指針（令和 4 年 4 月改定）
　　https://www.bousai.go.jp/taisaku/hinanjo/pdf/2204kankyokakuho.pdf

○ 避難所運営ガイドライン（令和 4 年 4 月改定）
　　https://www.bousai.go.jp/taisaku/hinanjo/pdf/2204hinanjo_guideline.pdf

○ 避難所におけるトイレの確保・管理ガイドライン（令和 4 年 4 月改定）
　　https://www.bousai.go.jp/taisaku/hinanjo/pdf/2204hinanjo_toilet_guideline.pdf

○ 福祉避難所の確保・運営ガイドライン（令和 3 年 5 月改定）
　　https://www.bousai.go.jp/taisaku/hinanjo/pdf/r3_hinanjo_guideline.pdf

○ 災害救助事務取扱要領（令和 4 年 7 月）
　　https://www.bousai.go.jp/oyakudachi/pdf_kyuujo_b1.pdf

2　男女共同参画の視点

　避難所の生活環境整備や物資支援で特に重視しなければならないのが、男女共同参画の視点である。内閣府は令和 2 年に「災害対応力を強化する女性の視点〜男女共同参画の視点からの防災・復興ガイドライン〜」を公表しており、少なくとも同ガイドラインに記述されている視点は、最低限の措置として確実に遂行されなければならない。

(内閣府HP)

　令和 6 年能登半島地震では、発災当日に内閣府男女共同参画局から被災都道府県等に対し、同ガイドラインの中でも特に重要な視点を厳選した内閣府の事務連絡「今般の石川県能登地方の地震による災害対応における男女共同参画の視点からの取組促進について」（図表 2-4）が発出されており、チェックリストとしても活用できる先例通知となった。

図表 2-4　内閣府男女共同参画局発出の事務連絡

事　務　連　絡
令和6年1月1日

石川県、新潟県、富山県、福井県、長野県、岐阜県、新潟市
　　男女共同参画主管部局長　殿

内閣府男女共同参画局総務課

　　今般の石川県能登地方の地震による災害対応における男女共同参画の視点からの取組促進について
（依頼）

　平素より、男女共同参画社会の推進にご尽力いただき、感謝いたします。

　令和6年1月1日午後4時10分頃、石川県能登地方を震源とする地震が発生し、今後、1週間程度は最大震度6強の強い余震の発生が懸念されているところです。

　災害対応における男女共同参画の視点からの取組については、令和2年5月29日付け府共第322号・府政防第1222号「災害対応力を強化する女性の視点～男女共同参画の視点からの防災・復興ガイドライン～に基づく取組の促進について（依頼）」において、内閣府男女共同参画局長・政策統括官（防災担当）から、各都道府県知事及び各政令指定都市市長に対し、男女共同参画担当部局と防災・危機管理担当部局が連携して、災害対策本部での取組や避難所の開設・運営等（別添1）に適切に取り組んでいただくようお願いしております。

　またガイドラインのうち、女性の視点に立った避難所の開設・運営、環境整備に必要な取組事項をまとめた「避難所チェックシート」（別添2）を添付しております。本チェックシートを使い、各避難所の運営管理や避難者へのヒアリングを実施することで、避難所の生活状況を確認でき、効率的な環境改善につながります。避難所の支援に携わる職員の方々におかれましては、ぜひ本チェックシートの活用をお願いいたします。

　各県におかれましては、本ガイドライン及び避難所チェックシートを活用した取組について、改めて、管内市町村や男女共同参画センター等の関係機関・団体に周知いただくとともに、自らの災害対応に活用いただきますよう、よろしくお願い申し上げます。

　（参考）
災害対応力を強化する女性の視点～男女共同参画の視点からの防災・復興ガイドライン～
　　https://www.gender.go.jp/policy/saigai/fukkou/guideline.html

（別添１）

災害対応力を強化する女性の視点～男女共同参画の視点からの防災・復興ガイドライン～
（抜粋）

災害対策本部（P.30）
- 男女共同参画担当部局を所管する構成員は、本ガイドラインに盛り込まれた事項への対応について、本部において、情報提供や問題提起等を行う。
- 災害対策本部の下にチームなどの下部組織を構成する場合には、必ず、男女共同参画担当部局や男女共同参画センターの職員を配置する。
　　など
女性に対する暴力の防止・安全確保（P.33、P.64～67）
- 性暴力・DV防止に関するポスター等を避難所のみやすい場所に掲示する。
- トイレ・更衣室・入浴設備を適切な場所に設置し、照明や防犯ブザーで安全を確保する。　　など
避難所の開設・運営（P.35）
- 管理責任者に、女性と男性の両方を配置する。
- 避難所チェックシートを活用し、巡回指導を行う。
　　など
避難所の環境整備（P.36）
- プライバシーの十分に確保された間仕切りにより、世帯ごとのエリアを設ける
- トイレ・物干し場・更衣室・休養スペース・入浴設備は、男女別に設ける。授乳室を設ける。これらの施設を昼夜問わず安全に安心して利用できるような配慮を行う。
- 女性用品の配布場所を設ける。
- 女性用トイレの数は、男性用トイレの数に比べ、多くする。多目的トイレも設置する。
- 運営体制への女性の参画を進める。
　　など
物資の供給（P.40）
- 女性用品を配布する際は、女性が配布を担当する。
- 女性トイレや女性専用スペースに、女性用品を常備する。
- 女性の多様なニーズを把握するために、女性支援団体等との連携によるニーズ調査や、女性の声を拾うための意見箱の設置等を行う。
- 把握したニーズを基に、物資調達・輸送調整等支援システムを利用して女性用品、乳幼児用品等を調達する。
　　など
上記のほか、ガイドライン本体の記載内容を確認いただきますよう、お願い申し上げます。

3 災害救助法の特別基準に関する協議

　災害救助法の実務マニュアルである「災害救助事務取扱要領」は、「一般基準」による対応を前提に記述されている部分が多いため、大規模災害への対応としては不足する。そこで、「特別基準」の策定が不可欠となる。都道府県は、内閣府（防災担当）に対し早期の段階から積極的に特別基準の策定を求めていく姿勢が不可欠となる。

　なかでも「一般基準」に記載された救助の実施「期間」は、大規模災害では例外なくすべて延長していく必要があり、特別基準協議を決して怠ってはならない。例えば令和6年能登半島地震における石川県と内閣府（防災担当）との間では、災害救助法適用後1週間のうちに早々に第1回目の特別基準協議が行われている（図表2-5）。

　「協議」といっても、大規模災害時においてはほぼ自動的に実施されていく側面があり、内閣府側が書式を提示し県がそれに入力して、災害救助法による予算支出の根拠を「確認」していく側面が強い。災害の規模が大きいほど、特別基準の協議頻度（メールのやり取りの頻度）が高くなり、総協議回数も多くなる。

　先例に沿った対応を淡々と行うことは最低限の必須業務であり、これに加えて災害に即して新しい特別基準の策定も必要である。令和6年能登半島地震の第4回の特別基準協議の際には、「2　ホテル・旅館の借上げ」について「7,000⇒10,000円を超える場合はその都度相談」など新しい基準が早速登場している（図表2-5）。都道府県からの熱意ある積極的な要望と、実際に基準が必要であるとする現場の実情をもとに内閣府を説得したことでなし得たものといえる。

図表 2-5　災害救助法の特別基準に関する協議についての連絡

令和 6 年 1 月 7 日
内閣府（防災担当）
被災者生活再建担当

石川県危機管理部危機管理対策課
　　　災害救助事務担当者　殿

災害救助法の救助の期間に関する特別協議

標記について、以下のとおり期間の延長を行いますのでよろしくお取り計らい願います。

	救助の種類	延長期間	基準額
1	避難所の開設	1 月 31 日、その後は市町村の状況に応じて期間延長可	基準額を超えて支出が発生する場合はその都度相談
2	ホテル・旅館の借上げ	1 月 31 日、その後は市町村の状況に応じて期間延長可	7,000 円を超える場合はその都度相談
3	炊き出しその他食品の給与	1 月 31 日、その後は市町村の状況に応じて期間延長可	基準額を超えて支出が発生する場合はその都度相談
4	飲料水の供給	断水が解消するまでの間延長可とする	
5	被服、寝具その他生活必需品の給与又は貸与	1 月 31 日、その後は市町村の状況に応じて期間延長可	基準額を超えて支出が発生する場合はその都度相談
6	医療・助産	1 月 31 日	
7	住宅の被害の拡大を防止するための緊急の修理	1 月 31 日 上記期間に完了できない場合は要相談	特別基準の設定なし
8	日常生活に必要な最低限度の部分の修理	12 月 31 日 上記期間に完了できない場合は要相談	特別基準の設定なし
9	学用品の給与	1 月 31 日、その後は市町村の状況に応じて期間延長可	基準額を超えて支出が発生する場合はその都度相談
10	埋葬	1 月 31 日、その後は市町村の状況に応じて期間延長可	基準額を超えて支出が発生する場合はその都度相談
11	死体の捜索	1 月 31 日、その後は市町村の状況に応じて期間延長可	基準額を超えて支出が発生する場合はその都度相談
12	死体の処理	1 月 31 日、その後は市町村の状況に応じて期間延長可	基準額を超えて支出が発生する場合はその都度相談
13	障害物の除去	1 月 31 日 上記期間に完了できない場合は要相談	基準額を超えて支出が発生する場合はその都度相談
14	応急仮設住宅		基準額を大幅に超える場合はその都度相談

令和6年2月5日
内閣府（防災担当）
被災者生活再建担当

石川県危機管理部危機管理対策課
　災害救助事務担当者　殿

災害救助法の救助の期間に関する特別協議（4回目）

標記について、以下のとおり期間の延長を行いますのでよろしくお取り計らい願います。

	救助の種類	延長期間	基準額
1	避難所の開設	3月31日、その後は市町村の状況に応じて期間延長可	基準額を超えて支出が発生する場合はその都度相談
2	ホテル・旅館の借上げ	3月31日、その後は市町村の状況に応じて期間延長可	7,000⇒10,000円を超える場合はその都度相談
3	炊き出しその他食品の給与	3月31日、その後は市町村の状況に応じて期間延長可	基準額を超えて支出が発生する場合はその都度相談
4	飲料水の供給	断水が解消するまでの間延長可とする	
5	被服、寝具その他生活必需品の給与又は貸与	3月31日、その後は市町村の状況に応じて期間延長可	基準額を超えて支出が発生する場合はその都度相談
6	医療・助産	3月31日	
7	住宅の被害の拡大を防止するための緊急の修理	3月31日（3回目協議済み）	特別基準の設定なし
8	日常生活に必要な最低限度の部分の修理	12月31日 上記期間に完了できない場合は要相談	特別基準の設定なし
9	学用品の給与	3月31日、その後は市町村の状況に応じて期間延長可	基準額を超えて支出が発生する場合はその都度相談
10	埋葬	3月31日、その後は市町村の状況に応じて期間延長可	基準額を超えて支出が発生する場合はその都度相談
11	死体の捜索	3月31日、その後は市町村の状況に応じて期間延長可	基準額を超えて支出が発生する場合はその都度相談
12	死体の処理	3月31日、その後は市町村の状況に応じて期間延長可	基準額を超えて支出が発生する場合はその都度相談
13	障害物の除去	3月31日 上記期間に完了できない場合は要相談	基準額を超えて支出が発生する場合はその都度相談
14	応急仮設住宅		基準額を大幅に超える場合はその都度相談

　市町村長は、当該市町村の地域に係る災害が発生した場合において、当該災害の被災者から申請があったときは、遅滞なく、住家の被害その他当該市町村長が定める種類の被害の状況を調査し、当該災害による被害の程度を証明する書面を交付しなければならない（災対法90条の2第1項）。この書面が「罹災証明書」（本章本節5）である。

　災害発生後の住家被害認定は市町村の責務であり、内閣府（防災担当）では「災害に係る住家の被害認定基準運用指針【令和6年5月】」をはじめ、「住家被害認定調査票【令和6年5月】」や「災害に係る住家の被害認定基準運用指針参考資料（損傷程度の例示）【令和6年5月】」など数々のマニュアルを策定・公表している。災害の種類によって配慮すべき視点や被害認定のポイントが異なるため、地震、水害、風害、液状化等の地盤被害等で異なる指針を用意し、かつ非木造住宅の場合の留意点についても公表している。

　水害については、水圧などの外力によって建物が損壊するケースのみならず、外壁等の破壊のない内水氾濫や、建物が水に濡れたり土砂が流入したりしたこと自体がもたらす被害もあるため、外観目視による第1次調査の時点では被害を見落とす傾向があり、被害認定には一層の留意が必要である。

（内閣府HP）

　例えば、水害による被害を受けた木造・プレハブ住宅（戸建ての1〜2階建ての場合）では、第1次調査による「（1）外観による判定」と「（2）浸水深による判定」で、全壊から一部損壊までの被害区分を簡易判定していく。しかし、水害は断熱材への浸水、汚泥の侵入程度など詳細を確認する必要があるため、全壊認定以外については、基本的に第2次調査段階の立入調査が必要になるだろう。

　第2次調査では、「（1）外観による判定」、「（2）傾斜による判定」、「（3）部位による判定」を行い、より被害区分が重くなる余地が残されていないかを確認していくことになる。なかでも「（3）部位による判定」は、住

図表2-6 災害認定の調査フロー（木造・プレハブ）

＜被害認定フロー（水害による被害　木造・プレハブ）＞

※1 傾斜を測定した場合は、その結果を調査票に記載しておくことも考えられる。なお、具体的な傾斜の測定方法は「2．第2次調査に基づく判定（2）傾斜による判定」を参照のこと。

※2 外観目視により把握可能な「外壁」及び「建具」（サッシ・ガラス・ドア）の損傷程度が50〜100%（程度Ⅲ〜Ⅴで、浸水による損傷を除く。）に該当する損傷をいう。

※3 水害に加え、風害等による複合的な災害による被害が発生している場合等には、第2次調査から開始する。

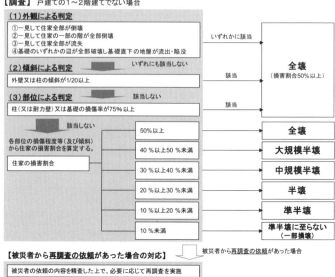

（出典：内閣府「災害に係る住家の被害認定基準運用指針」令和6年、第2編　水害による被害、2-4頁・2-5頁、https://www.bousai.go.jp/taisaku/pdf/r605shishin_all.pdf）

家を「屋根」「柱（又は耐力壁）」「床（階段を含む。）」「外壁」「内壁」「天井」「建具」「基礎」「設備」に区分し、各部位の損傷率（各部位の被害の程度）を外観目視及び内部立入により把握し、それに部位別の構成比（「災害に係る住家の被害認定基準運用指針」第2編2-14頁表参照）を乗じたもの（部位別損害割合）の合計（住家の損害割合）を算定する。それぞれの部位の損傷が認められると、第1次調査で「半壊」と判定されても、第2次調査の結果「全壊」になることは十分にあり得る（図表2-6参照）。

5 罹災証明書の発行

　罹災証明書に記載される住家被害認定の区分は図表2-7のとおりである。どの区分になるかによって、主に法律上の公的支援に関する支援内容が大きく変化する。罹災証明書に記載の区分は、住家被害の程度によって支援内容が分かれる被災者生活再建支援金、仮設住宅の入居、応急修理制度、義援金の配分の一部、民間事業者の支援の一部等に影響することもある（なお入居要件についての柔軟な運用については第3章第2節1参照）。

　支援にあたって厳密な区分が不要な場合や、罹災証明書の交付の有無にかかわらず被害が明らかである（明らかに地域全体が被害にあって全壊扱いである）場合は、区分は重要ではないといえる。手続きの円滑化のために、災害発生直後は、とりあえず被害区分未定のままで被災エリア在住の

図表2-7　災害の被害認定基準

被害の程度	全壊	大規模半壊	中規模半壊	半壊	準半壊	準半壊に至らない（一部損壊）
損害基準判定（住家の主要な構成要素の経済的被害の住家全体に占める損害割合）	50%以上	40%以上50%未満	30%以上40%未満	20%以上30%未満	10%以上20%未満	10%未満

（出典：内閣府ホームページ「災害に係る住家の被害認定」https://www.bousai.go.jp/taisaku/pdf/r306higai_nintei.pdfより）

133

住民に一律に罹災証明書を発行し、追って被害区分が明記された罹災証明書を再発行することも検討に値する。

　被災者自らが罹災証明書の交付申請をしなくても、市町村が職権で交付することも可能である。青森県、秋田県、富山県、石川県、島根県、福岡県、佐賀県、及び大分県が大きく被害を受けた「令和5年7月7日からの大雨による災害」を受けた国会の議論でも、被災者の申請がない場合に自治体が職権的に罹災証明書を発行することは法令上禁止されていないことが、内閣府の答弁によって確認されている（第211回国会衆議院災害特別委員会第8号・令和5年8月8日。『災害復興法学Ⅲ』参照）。

　罹災証明書が発行されていないからといって、行政機関等が被災者としての支援を開始しない、できない、と解するのは明らかな誤りである。現行法制度上は、罹災証明書がなければ行えない手続きは存在しない（支援手続申請の際に罹災証明書の添付を要求する法律は存在しない）のである。

　また、自治体は被災者が要望する限り、被災者に罹災証明書を何通発行しても問題ない。また、仮に罹災証明書を窓口で求める場合には、自治体や民間事業者問わず、あらゆる手続きにおいて罹災証明書の「コピーの提出」や「提示」で事足りる。

　被災者にとって罹災証明書を保有し、それを提示することが各種手続きを進めるうえで便利なことは否定されないので、罹災証明書の早期発行を目指すことは重要なミッションである。一軒一軒、内閣府の従来の指針による原則的対応を行っていたのでは、とても発行が間に合わない。

　そこで、「写真等を活用した被害区分の判定」「空中写真等を活用した住家の一括全壊判定」「一律的な被害認定調査の実施」を積極的に活用すべきである。

　「写真等を活用した被害区分の判定」は、ドローンの写真・映像や、被災者から提供された写真等の有効活用により、現地での被害認定調査を経ることなく被害区分を判定することである。被災者の提供写真を利用する場合には、表札を含む住家の写真等の提供を求めるなどにより、当該写真等に示された住家が申請者の居住家屋であることについて確認するなどの

工夫も考えられる。ただし、これはあくまで、外観目視などで、写真上から明らかに「全壊」など一見して認定できる場合に採用できる手法である。被災者に写真を撮影することを積極的に求めたり、罹災証明書の申請時の原則的な添付資料としたり、半壊と中規模半壊の境界線のような事例など、写真判定が必ずしも有効ではなく、被害の過小評価の危険があり、第２次調査によって認定が変わり得る場合などには、無理に採用してはならない手法である（COLUMN⑤参照）。

　「空中写真等を活用した住家の一括全壊判定」は、国土地理院による空中写真等を比較検証することにより、例えば、①屋根の位置が変わっているなど、住家の全部又は一部の階が全部倒壊している、②津波により、地区内に所在する住家の全部が流出している、③火災により、地区内に所在する住家の全部が焼失している、などの場合には、現地での被害認定調査を経ることなく、地区内に所在する住家を一括して「全壊」とする手法である。特に水害では、同一地区内の被害住家の多くが被災していれば、そのエリア全体が浸水被害により居住できる環境ではない蓋然性が高いため、次の「一律的な被害認定調査の実施」のほうが円滑な被害判定ができる場合があるだろう。

　「一律的な被害認定調査の実施」とは、甚大な被害が発生した地区については、当該地区内に所在する住家を対象に、一律に被害認定調査を実施する手法である。一見して被害の少なそうに見える住家であっても、周囲が壊滅的被害を受けた地域での居住は不可能であり、そのような住家の有無にかかわらず、当該エリアの世帯を一律で認定することは何ら問題ない。西日本豪雨（平成30年７月）の際、岡山県倉敷市は、真備町地区の被害地域約2,100棟を一括して全壊と判定し、その後も順次判定エリアを拡大して3,000棟以上が一括全壊認定となっている。

6 警戒区域指定・避難指示と長期避難世帯認定

　個別の住家に目立った被害がなくても「全壊」相当と同様の扱いをする

場合がある。それは、被災者生活再建支援法に基づく「長期避難世帯認定」を受けた場合である。

　長期避難世帯とは、「火砕流等による被害が発生する危険な状況が継続することその他の事由により、その居住する住宅が居住不能のものとなり、かつ、その状態が長期にわたり継続することが見込まれる世帯」をいう（被災者生活再建支援法2条2号ハ）。県は、大規模な水害では長期避難世帯認定を積極的に活用することで、手厚い被災者支援を行う工夫が必要である。市町村は、現場でしか感じられない状況を正確に県と共有し、積極的に長期避難世帯認定を求めなければならない。

　長期避難世帯認定を受けると、後述する被災者生活再建支援金の支援内容（第3章第1節1（2））のとおり、被災者生活再建支援金（基礎支援金及び加算支援金）の支給において、最大額となる全壊認定の場合と同じ扱いを受けることができる。

　注意点は、長期避難世帯認定の解除前は「全壊」と同じ対応がなされるが、長期避難世帯認定が解除されてしまった後は、再び通常の家屋損壊の被害認定区分に従った被災者生活再建支援金しか受け取れないということである。したがって、長期避難世帯認定の場合は、解除される前に直ちに基礎支援金（最大100万円）の申請をすることが求められる。

　次に、もともと長期避難認定世帯であるかどうかにかかわらず、全壊等である被災世帯を除いては、解除される前の段階のうちに加算支援金の請求をしておかなければならない。つまり、被災者は、被害状況を自ら把握し、今後のライフプランを十分に考慮し、現地再建にせよ、移住するにせよ、住宅の「建設・購入」（最大200万円）、「補修」（最大100万円）、「賃貸」（最大50万円）の選択をして、請求をしなければならない。

　もし、解除後で、住宅被害認定がもともと「一部損壊」「準半壊」「半壊」だとすれば、解除になってからでは、被災者生活再建支援金の加算支援金の請求ができないのである。被災者の立場からすれば、かなり早い段階から先を見通す必要性に迫られる。

　リバース・モーゲージ型を含む住宅金融支援機構の災害復興住宅融資

（第3章第2節5）は、「半壊」以上の被害を受けた場合に利用できる。長期避難認定世帯でなければ、「半壊」未満でしかない住宅の被災者は、認定解除と同時に災害復興住宅融資を受けることができなくなる。長期避難世帯認定中にその地域内の住宅の再建に融資が実行される保証もないし、仮に融資の話を進めるにしても、かなり早いタイミングから手続きに踏み切っていないと機会を失する恐れがある。

　リバース・モーゲージの利用を考えると、避難指示や警戒区域等の立ち入り禁止措置の解除と、長期避難世帯認定の解除との間には相当の猶予期間が不可欠だということになる。

　長期避難世帯認定の解除は、場合によっては1年以上の相当の余裕をもって該当者へ告知しておく必要があり、被災者の住宅再建の見通し状況次第では、不用意に認定解除に至ってはならない。内閣府の通知「被災者生活再建支援法の運用に係るQ＆Aの送付について」（平成23年6月1日府政防第520号）の添付文書である「被災者生活再建支援法Q＆A」の「Q42」では「長期避難世帯認定の趣旨と避難指示等との関係如何」との問いに対して、「通常は、避難指示等が解除されると長期避難世帯の認定も解除することとなるが、避難指示等の解除後もライフラインの復旧に期日を要する場合には、ライフラインの復旧により、居住が可能となるまで、長期避難世帯として取り扱うことができる。」と説明されている。

　九州北部豪雨（平成29年7月5日）を受け、平成30年10月、福岡県は、朝倉市6地区91世帯に対し、危険な状況の継続や、災害復旧工事が長期間続く見込みであることを理由に「長期避難世帯認定」をした。令和2年4月に4地区が、令和3年12月に残る2地区が認定解除に至った。応急復旧工事が進み二次災害のおそれが軽減され、当該地区に発令されていた避難準備・高齢者等避難開始措置の解除で居住不能状態が解消されたことによる。91世帯のうち32世帯は、「大規模半壊」以下の被害認定だったため、被災者生活再建支援金の加算支援金を最大限に受給するには、かなり早いタイミングからの再建手法の選択が必要だったということになる。

　例えば当時の「避難準備・高齢者等避難開始」措置のほうを先に解除し、

そこから十分な時間（少なくとも半年から1年以上で被災者が現場調査のうえ再建プランを確立できるまでの期間）を確保してから、時間差で長期避難世帯認定を解除することも十分取り得た選択肢である。

「令和3年7月1日からの大雨」により発生した静岡県熱海市伊豆山地区土砂災害（令和3年7月3日）では、令和3年8月16日、熱海市が、土石流の危険のある地帯を「警戒区域」（災対法63条）に設定し、対策従事者以外の立ち入りを禁止した。令和5年9月1日に危険が解消されたとして警戒区域の設定は解除となった。同日、ライフラインが復旧し区域内へ帰宅可能となった44世帯については、被災者生活再建支援法による長期避難世帯の認定も解除となった。その後、12月1日、残る38世帯の長期避難世帯の認定が解除となった。

これに先立つ令和4年8月25日の時点で、静岡県弁護士会は、静岡県及び内閣府に対する「長期避難世帯の解除に関する申入れ」において、避難指示や警戒区域の解除と長期避難世帯認定の同時解除には看過しがたい問題があると指摘し、「警戒区域等の設定期間中あるいは地域全体の復興状況が不明確な段階では、認定被災者にとって、被災地での再建・補修等を決断し、その契約書等を取得した上で加算支援金を申請することは、事実上不可能」「認定被災者は、住宅再建の方法等について検討するための十分な情報・時間のないまま、災害復興住宅融資を利用する資格も失う」「警戒区域の指定が解除された後においても、伊豆山地区の復興事業が完了し、認定被災者が伊豆山地区に現実に帰還できるようになるまでは、解除しないこと」等を提言している。

COLUMN⑤ 罹災証明書の発行に被害住家写真や本人確認書類は必要ない

ほぼすべての自治体で、罹災証明書の申請の際に窓口で運転免許証やマイナンバーカードなどの本人確認書類の持参提示を求めている。しかし、深刻な被害を受けて避難生活を送っている方々の中には、貴重品を持ち出せなかった方も多い。取りに帰るとしても、倒壊など二

次被害の恐れがある場合の立ち入りは厳禁である。

　例えば、令和6年1月1日の能登半島地震では、石川県珠洲市が1月9日から罹災証明書の受付を開始したが、必要なものとして、「本人確認書類（マイナンバーカードや免許証など）　※お持ちでない方も受付可能です。受付時に申出てください。」との記述を行った。案内当初は「※お持ちでない方も受付可能です。受付時に申出てください。」の記述はなかったが、当時の筆者（岡本）の進言をもとに石川県の助言を受けて、誤解がないように後から※部分の記述を追記した。丁寧できめ細やかな被災者に寄り添う情報発信といえる。実際に窓口で住所、氏名、生年月日などが申告されれば、住民基本台帳情報と照合することで目の前の方の本人確認は可能で、柔軟な対応ができる。

　「写真」は罹災証明書申請の必須資料ではない。災害直後に住家被害の状況を保存しておくために写真撮影が推奨される（政府広報「災害で住まいが被害を受けたとき最初にすること～被害状況を写真で記録する～」等参照）。しかし、身の危険を冒してまで撮影をする必要は全くない。そもそも、罹災証明書の申請の際に、法律的に写真撮影は必須ではないからである（日弁連「罹災証明書交付申請において、被害住家の写真の提出を求める等の取扱いの是正を求める意見書」参照）。

　罹災証明書の発行申請を受けた場合に現場を調査して発行を行う義務を有するのは、あくまで市町村側であり、市民側に調査負担をかけることは決して行ってはならない。写真を必須とする運用上の誤解は少しずつ氷解しており、市町村における罹災証明書の交付要領の誤りも是正の方向にあるが、今一度交付要領や市民向けのお知らせの様式・文言を見直して誤解のない記述へと是正しておく必要がある。

　「自己判定方式」による住家被害認定と罹災証明書の発行には留意が必要である。確かに、被災者が被害自体は存在する自宅の写真を持参したうえで「一部損壊」（＝準半壊に至らない）でよいと納得した

場合には、その旨の被害認定に応じた罹災証明書の速やかな発行が可能である（自己判定方式）。

　しかし、住家被害認定は建築士ら専門家による高度な判定作業を必要とするのが常であるし、被災者本人では見落としてしまう損壊部位が二次調査で判明する可能性は極めて大きい。特に、水害の場合は外観目視や写真だけでは、各部位の損傷が明確にはわからず、本当の被害状況を見落としてしまうことが多い。

　このような観点から、自己判定方式をことさら推奨することには問題が多いといわざるを得ない。あくまで市町村や応援自治体が専門家と連携し、公平中立な専門的知見からの住家被害認定を加速化させることで、住家被害認定と罹災証明書の発行の早期化を図るべきである。

復旧・復興編

第1節 復旧

1 被災者に対する金銭的支援

（1）応急から復旧へ

　自治体の実務は、前章で取り上げた初動・応急対応を経て、被災者の復旧支援の実施へと移行することになる。

　その第一歩は、様々な形で傷ついた被災者の生活を再建することにあり、自治体としては、この点にフォーカスした支援を実施する必要がある。

　この段階における被災者の喫緊の課題は、生活再建にあたって必要な資金の確保である。

　一定割合の被災者について、災害によって人的又は物的に想定外の損害を受けたにもかかわらず、当該損害を十分に回復するだけの資金を保有していないという事態が想定される。よって、自治体は、被災者に対する金銭的支援に目を向けなければならない。

　本節では、復旧に係る主な金銭的支援として被災者生活再建支援金、災害弔慰金・災害障害見舞金・災害援護資金、義援金及び自治体の独自支援を取り上げる。

　被災者に対する金銭的支援としては、これらのほかにも、一般的な法制度としての生活保護や、金銭給付以外の支援、例えば税金の免除や公共料金の支払猶予等様々なメニューがあるところ、金銭的支援のほか、公営住宅への入居等の支援も含めた被災者支援に関する諸制度について、横断的に概要をまとめたものとして、内閣府作成の「被災者支援に関する各種制度の概要」（令和5年6月1日現在）があるので、適宜参照されたい。

　また、本書で取り上げる災害弔慰金等以外の金銭的支援である生活保護、生活福祉資金貸付制度、債務免除・支払免除型の支援、民間企業・保険会社等による支援については、本書の姉妹書である『改訂版　自治体職員のための災害救助法務ハンドブック－備え、初動、応急から復旧、復興まで

—』の第4章「1　被災者に対する金銭的支援」において概説しているので、あわせて参照されたい。

　なお、いわゆる災害版リバース・モーゲージも被災者に対する金銭的支援の一種と考えられるところ、長期的な生活基盤の確保という意味合いがあることから、復興に係る被災者支援制度として後述する（本章第2節5参照）。

（2）被災者生活再建支援金

　被災者生活再建支援法に基づく被災者生活再建支援金は、一定条件を満たす自然災害で住家被害に応じて支給される現金給付支援である。

　罹災証明書の被災世帯区分で全壊、大規模半壊、中規模半壊の世帯が対象であり、最大300万円（基礎支援金と加算支援金の合計）が支給される。制度の詳細は内閣府のウェブサイトに詳しい。

　災害後に条件を満たしたことが確認されると、国が支援法の適用を告示する。しかし、被害が大きければ適用されることは明白であるため、大規模災害時は早期段階から周知を開始すべきである。

　また、被災者の申請漏れが起きないよう徹底した周知活動が求められる。

(内閣府HP)

（3）災害弔慰金・災害障害見舞金・災害援護資金

　災害弔慰金の支給等に関する法律に基づく災害弔慰金は、一定規模の自然災害によって亡くなった（又は3か月間生死不明の）方の遺族の一人に対して、亡くなった方一人に250万円又は500万円が支払われる現金給付支援である。当然ながら災害関連死でも制度対象になる。

　災害関連死の認定は、市町村ごとに災害弔慰金支給審査委員会を設置し、死亡と災害との因果関係について弁護士委員を中心に検討していくことになる。

　審査委員候補については、都道府県や近隣自治体に応援を求めるなどして対応するが、都道府県に審査を委託することは地元での審査ではないこ

とで実情を反映した審査ができず禍根を残し、時には訴訟リスクを高めるので推奨されない『災害復興法学Ⅱ』第2部第4章、『災害復興法学Ⅲ』第2部第7章）。

災害障害見舞金は、災害により相当重度な障害を受けた方に支払われる現金給付支援であり、金額は125万円又は250万円である。

災害援護資金は、対象災害により、負傷又は住居、家財に被害を受けた方が最大350万円の借入をすることができる支援である。

「家財」には自動車も含まれるので、水害の場合は自宅の被害がなくても災害援護資金対象になることが多いはずであり、対象者への周知漏れがないか十分な気配りが必要である。利率は3％以内で各自治体の条例による。償還期間は10年で3年間は据置期間であり、その期間は無利息である。

災害弔慰金の支給等に関する法律の適用条件は「都道府県内で災害救助法第2条第1項が適用された市町村が1以上ある自然災害」である。被災者生活再建支援法よりははるかに要件が緩く、県全域で災害救助法が適用されなかった場合でも、県内の市町村が対象になる。

このため、自治体側で周知啓発を遺漏してしまうケースも過去にはおきているため、対象地域になっているかについては厳重な注意が必要である。

（内閣府HP）

（4）義援金

義援金は、法律に基づく制度ではなく、任意の寄付（贈与）である。したがって、被災者に請求権があるわけではなく、また、世帯に配分されるのが通常であり、世帯主に贈与されると考えるのが一般的である。

また、義援金は、拠出者側からみれば、法人税では損金となり、所得税・住民税では寄付金控除の対象となる。

防災基本計画によれば、自治体は、日本赤十字社等の義援金収集団体と配分委員会を組織し、義援金の使用について、十分協議のうえ定めるものとされている。

その際、あらかじめ、基本的な配分方法を決定しておくなどして、迅速な配分に努めるものとされ、また、被害が複数の都道府県に渡る広域災害時には、日本赤十字社等義援金収集団体は、寄託された義援金を速やかに自治体に配分すべきであることから、義援金の受付方法の工夫や配分基準をあらかじめ定めておくものとされている。

　日本赤十字社防災業務計画には、日本赤十字社の災害救護業務として、医療救護や救援物資の備蓄等と並んで、義援金の受付及び分配が明記されている。義援金の配分方法は、自治体に設置される上記義援金配分委員会によって決められている。

　実務上、義援金は、公的支援の間隙を埋めるうえでも重要である。

　水害では、住家被害認定が低い被災者への支援に義援金をうまく配分する知恵が求められる。また、店舗専用建物や工場・作業場・工房などの非住家が被害を受けた被災者へも義援金を配分することが重要である。

　被害の実態が不明の場合でも、早期に現金給付を行うことや、一定地域の全員に一律で少額でもよいので義援金を早期配分する措置を講じることは効果的である。

　災害対策基本法に基づく住家被害区分を記述した「罹災証明書」とは切り離して、本当に必要な被災者や事業者へ義援金配分を行う案を考えることが重要になる。

　なお、令和3年6月に成立した「自然災害義援金に係る差押禁止等に関する法律」により、自然災害の義援金については、災害の大小を問わず差押禁止財産となっている。

（5）自治体の独自支援

　水害では住宅被害が一部損壊、準半壊、半壊程度にとどまるケースが極めて多くなる。そして、これらの住家被害を受けた被災者への法律による給付支援は僅少である。

　そこで、都道府県や市町村の条例や独自予算措置による支援が強く求められる。多くの都道府県では、被災者生活再建支援金の条件を満たさな

かった市町村の被災者のために、その穴埋めをする形の給付型支援制度を整備しているため、このような独自支援も必ず被災者へ周知徹底しなければならない。

　また、災害の都度臨時に上乗せ給付されたり、支援対象を拡大したりする予算措置を国又は自治体で行うケースもある。これらは一層被災者に徹底した周知活動を行わないと申請漏れとなりかねないので、留意が必要である。

　ところで、これら自治体の独自支援のうち、都道府県による被災者生活再建支援制度について、内閣府による令和6年2月1日時点における都道府県独自の被災者生活再建支援制度の取りまとめによれば、被災者生活再建支援法が適用されない災害に係る支援制度を有する都道府県は全体のおよそ7割であり、また、水害において特に問題となり得る床上浸水が対象被害に含まれている支援制度を有する都道府県は、全体のおよそ5割（被災者生活再建支援法の適用がある災害に限定されている場合を含む。）にとどまっており、かつ、支給額が5千円から75万円までと相当なばらつきがあるなど、未だ十分とは言い難い。

　各都道府県の支援制度の概要については、一覧表の形で取りまとめられているため、特に独自支援制度未制定の都道府県においては、かかる一覧表を参考にしつつ、早急に新たな独自支援制度の検討に着手すべきであろう。

（内閣府HP）

　また、市町村による独自支援については、一般財団法人地方自治研究機構による「被災者・被災地支援及び相互支援に関する条例」の取りまとめの中で、見舞金の支給等の制度や災害救助法や被災者生活再建支援法が適用されない災害に係る支援制度を定めた条例・規則の紹介とリンクがなされているので、こちらもあわせて参照されたい。

　なお、事前に自然災害の被災者等に対する独自支援を都道府県や市町村の条例で定めていない場合でも、臨時で予算措置を行って金銭給付支援を充実させることは極めて有効である。近年の水害の例では、「令和4年台風第14号」（令和4年9月18日に鹿児島県に上陸）で被害を受けた宮崎

県延岡市が、「住居が中規模半壊・半壊した場合」と「床上浸水による被災の場合」に独自の「災害見舞金」を支給することとし、延岡市災害安心基金の支援とあわせて合計30万円の金銭給付支援制度を設けるなどしている（『災害復興法学Ⅲ』第2部第4章）。単に「床上浸水」というだけでは一部損壊程度にとどまる事例も多く、必ずしも既存の法律による給付金支援対象にならないため、支援の間隙を埋める効果的な支援だったと評価できる。

　なお、このような独自支援の実施に際しては、ふるさと納税の仕組みを利用して全国から寄付金を募り、財源の一部に充当する方法も有益である。

2 災害廃棄物処理・土砂撤去

　被災者が水害から復旧するために必要となる事項のひとつとして、災害廃棄物の処理が挙げられる。

　水害の場合、大規模な地震と比べれば、相対的には被災地域全体の災害廃棄物の量は少ないといえ、また、処理主体となる自治体の廃棄物処理施設が被災により機能しなくなるという事態も多くの場合想定されないといえるので、災害廃棄物の広域処理まで想定する必要性は低いと考えられるが、被災者にとっては、早期に処理をしなければ日常生活に支障を及ぼしかねないことから、自治体としては、発災後の応急対応として速やかに取り組むべき事項であるといえよう（なお、大規模な水害や処理主体の自治体の廃棄物処理施設の被災等により、災害廃棄物の広域処理を視野に入れなければならない場合の実務については、本書の姉妹書である『改訂版 自治体職員のための災害救援法務ハンドブック－備え、初動、応急から復旧、復興まで－』の第4章2「(5)災害廃棄物の広域処理」参照）。

　災害廃棄物は、事業活動に伴って生じた廃棄物（産業廃棄物）ではないから、一般廃棄物として、市町村の責任によって処理される（廃掃法2条2項、4項、6条、6条の2。第189回国会衆議院環境委員会第9号（平成27年6月2日）における鎌形浩史政府参考人（環境省大臣官房廃棄

物・リサイクル対策部長）答弁参照）。

　災害廃棄物は、住民が自宅内にある被災したものを片付ける際に排出される片付けごみと、損壊家屋の撤去（必要に応じて解体）等に伴い排出される廃棄物に大きく分けられ、その処理・処分は災害等廃棄物処理事業（環境省）の対象であるが、生活ごみ、避難所ごみ及びし尿（仮設トイレ等からのくみ取りし尿、災害に伴って便槽に流入した汚水は除く。）の処理・処分は同事業の対象外である点には留意が必要である。

　また、水害、特に土砂災害によって生じる宅地や道路等への土砂の流入に関し、流入物が土砂だけである場合、当該土砂は廃棄物ではないため、災害等廃棄物処理事業の対象とならない一方、堆積土砂排除事業（国土交通省）の対象にはなる。

　問題となるのは、いわゆるがれき流木混じり土砂の撤去に係る事業区分や自治体の実務である。

　この点については、国によって災害等廃棄物処理事業と堆積土砂排除事業を併用するためのスキームが示されており、市町村によるがれき流木混じり土砂の撤去に係る関連事業者への一括発注が認められている。

　ちなみに、がれき流木混じり土砂が道路等の公共土木施設内にも流入している場合には、上記２つの事業に加え、災害復旧事業（国土交通省）も併用するスキームも示されている。

　以上の併用スキームの内容及び同スキーム活用上のポイント・留意点については、国土交通省作成の「宅地内からの土砂・がれき撤去の事例ガイド〜令和元年東日本台風、平成30年７月豪雨をうけて〜」（令和２年３月）にまとめられているので、適宜参照されたい。

（国土交通省HP）

　また、併用スキームを活用する場合の各事業に係る補助金申請手続きについては、窓口のワンストップ化や申請書類の簡素化等がなされているところ、その詳細については国土交通省都市局都市安全課都市防災対策企画室長等の事務連絡「堆積土砂排除事業（国土交通省所管）及び災害等廃棄物処理事業（環境省所管）が連携する場

（環境省HP）

合においての国庫補助申請に当たっての留意事項（一部改正）」（令和元年10月18日事務連絡。令和5年7月19日事務連絡の（別添1））を参照されたい。

　また、上記各事業の詳細に関し、災害等廃棄物処理事業については環境省作成の「災害関係業務事務処理マニュアル」（令和5年12月改訂）を、堆積土砂排除事業については、上記「宅地内からの土砂・がれき撤去の事例ガイド～令和元年東日本台風、平成30年7月豪雨をうけて～」のほか、国土交通省作成の「堆積土砂排除事業について」（令和元年7月）を、災害復旧事業については、国土交通省のウェブサイトにおける同事業の概説と「災害復旧事業のあらまし」（令和6年1月版）を、それぞれ参照されたい。

（環境省HP）

（いずれも国土交通省HP）

3　損壊家屋等の公費解体

　損壊家屋等については、全壊の場合は災害等廃棄物処理事業の対象となるため、同事業によるいわゆる公費解体が可能になる。

　一方、全壊でなくとも、原因となった災害が特定非常災害に指定された場合、半壊の損壊家屋等についても公費解体の対象にすることとされている。

　自治体としては、損壊家屋等の公費解体の対象の見極めのため、関連する水害に係る特定非常災害への指定の有無を注視し、指定された場合は続けて発出されることとなる環境省からの公費解体の半壊の損壊家屋等への補助対象拡充に係る事務連絡を踏まえ、直ちに被災者に対する周知徹底を図るべきである。

　なお、過去に特定非常災害に指定された水害としては、平成30年7月豪雨（西日本豪雨）、令和元年台風第19号、令和2年7月豪雨が挙げられる。

　また、令和5年4月施行の改正民法によって創設された、所有者不明建

物管理制度（民法264条の8第1項）を利用することによって、所有者不明の損壊建物等の解体も可能であり、同制度の利用に基づく解体も公費解体の対象となる。

　これらの公費解体に関する事項については、環境省作成の「公費解体・撤去マニュアル第5版」（令和6年6月）に詳しいので、適宜参照されたい。

　なお、このマニュアルは、令和6年能登半島地震に基づく関連実務の積み重ねを踏まえて短期間でアップデートされていることから（令和6年2月に第2版、3月に第3版、4月に第4版、6月に第5版）、今後のアップデートにも十分留意されたい。

　ちなみに、第5版では、解体の際の隣地使用に関する留意点の記載の追加のほか、解体申請手続等の円滑な実施に係る事務連絡を踏まえた記載の追記が行われているが、当該事務連絡は重要性が高いため、以下要点を記しておく。

　公費解体の手続きについて、令和6年能登半島地震において当該手続きを妨げる要因となっていた損壊建物の所有者の同意、特に当該建物が共有である場合の共有者全員の同意や当該建物に係る相続が生じている場合における相続人全員の同意について、環境省環境再生・資源循環局災害廃棄物対策室等の事務連絡「令和6年能登半島地震によって損壊した家屋等に係る公費解体・撤去に関する申請手続等の円滑な実施について」（令和6年5月28日事務連絡）が発出された。この事務連絡では、上述の所有者不明建物管理制度のほか、建物の滅失登記や宣誓書方式の活用を図ることが可能であるとされ、滅失登記や宣誓書方式による場合には共有者・相続人全員の同意は不要であり、共有者・相続人の一部の者による申請に基づいて該当建物の公費解体が可能であるとされている。

　ただし、宣誓書方式の場合には、万一申請者と他の共有者等との間で所有権等に係る紛争が発生した場合には、あくまで申請者の責任で解決することが前提となっているので、当該手続きの担当職員は、この点に申請者の誤解が生じないよう十分な説明をすることが求められる。

第2節 復興

1 災害救助法における住まいに関する支援

　避難所（みなし避難所を含む。）の供与をはじめ、食料品や生活必需品などの最低限実施すべき災害直後の応急対応については、災害救助法適用と同時に発信される当該災害における内閣府通知「避難所の確保及び生活環境の整備等について」を確実に入手し、災害対策本部等の会議の場で全部署へ共有するとともに、ウェブサイトに会議資料として必ず公表する流れを平時のうちから確認しておかなければならない。同通知は、災害発生の都度内容が更新されているので、必ず当該災時の最新版を入手して参照することも留意点である。

　ここでは、生活再建や復興期における支援のうち、住まいの確保や再建にかかわる災害救助法に基づく支援について、主なものを解説する。

（1）応急仮設住宅（全般）

　応急仮設住宅の入居要件は、内閣府による一般基準告示によれば、住家が全壊、全焼又は流出し、居住する住家がない者であって、自らの資力では住宅を得ることができない者とされており、かなり狭く厳格にみえる。しかし、これに限った運用はこれまでほとんど行われておらず、「災害救助事務取扱要領」にも記述があるように、次のような柔軟な運用がむしろ原則となっている。

　これらは近年の熊本地震や西日本豪雨での災害救助支援の実績をふまえ運用が積み重なってきたものである。特に、資力要件については厳しく問わないのが通例であり、全壊、大規模半壊、中規模半壊等の場合は資力を不問とし、半壊等の場合でも簡易な自己申告程度で足りる。

　浸水被害の場合は、住家それ自体に大きな毀損はなくても、床上浸水をしてしまえば、汚泥による悪臭や公衆衛生面の課題が噴出する。また、断

熱材に浸水被害が及ぶと、その交換や家屋の修繕に相当長期間かかってしまい、結局は「住めない」住宅になる。さらに、周囲の地盤やがけの環境などから居住継続に危険があって、避難指示や警戒区域指定などがなくても危険なケースがある。

　これらを実質的に考慮して、被災者の要望に寄り添い広く仮設住宅入居を認めることが不可欠である。

○災害救助事務取扱要領

ア　当該時点では住家に直接被害はないが、二次災害等により住宅が被害を受けるおそれがあるなど、住家が全壊、全焼又は流出し、居住する住家がない者と同等と見なす必要がある場合は、内閣府と連絡調整を図ること。

（注）ライフライン（水道、電気、ガス、道路等）が途絶している、地滑り又は火山噴火等により、市町村長の避難指示等を受け、長期にわたり自らの住居に居住できない者などが考えられる。

イ　特別な事情があり、次のような者等に対して法による応急仮設住宅を提供する必要があるときには、事前に内閣総理大臣に協議すること。

（ア）住宅の被害を受け、居住することが困難となり、現在、避難所にいる者はもとより、ホテル・旅館、公営住宅等を避難所として利用している者や、親族宅等に身を寄せている者

（イ）「半壊」（「大規模半壊」、「中規模半壊」を含む。）であっても、水害により流入した土砂や流木等により住宅としての利用ができず、自らの住居に居住できない方

（出典：内閣府政策統括官（防災担当）「災害救助事務取扱要領」令和5年、56頁）

　令和6年能登半島地震では、石川県は入居条件を以下の通り設定したので参考にされたい。臨機応変に対応できるよう「その他、国と県の協議に

より、やむを得ず入居すべきと認められた者」など柔軟な項目を設けることが必要で、できる限り多くの被災者に仮設住宅が供給できるよう工夫すべきである。

（1）住宅が全壊、全焼又は流失し、居住する住宅がない者

（2）半壊（「中規模半壊」、「大規模半壊」を含む。）であっても、住宅として再利用できず、やむを得ず解体を行う者

（3）二次災害等により住宅が被害を受ける恐れがある、ライフライン（水道、電気、ガス、道路等）が途絶している、地滑り等により避難指示等を受けている（※1）など、長期にわたり（※2）自らの住宅に居住できないと市町長が認める者（※3）

※1 雨が降れば避難指示等が発令されるような場合を含む。

※2 「長期にわたり」とは、対策に概ね1か月以上かかり、自らの住宅に居住できない場合を指す。

※3 応急危険度判定により、「危険（赤色）」と判定され、住宅に立ち入ることが困難な者を含む。

（4）その他、国と県の協議により、やむを得ず入居すべきと認められた者

(出典：石川県ホームページ「応急仮設住宅（建設型）について（災害救助法：令和6年（2024年）能登半島地震）」より抜すい)

　被災者が仮設住宅の入居申し込みを行う場合に、罹災証明書は必要ない（あれば便利であるが必須資料とする必要はない）。これまでの運用による入居条件をみればわかるように、罹災証明書の被災区分を厳密に確認する必要性は全くないからである。被災して「住めない」ことさえわかれば、実質的に判断して入居の是非を判定すべきである。罹災証明書の発行を待ってから仮設住宅の供与を判断することになれば、被災者の住まいの確保や再建は数か月単位で大幅に遅延し、地域全体の再生や復興まちづくりは数年単位で遅れていく可能性も否定できない。

例えば、令和6年能登半島地震の石川県では、奥能登2市2町などライフラインが途絶している地域に居住していた被災者らは、罹災証明書なしで「みなし仮設住宅」への入居を認める運用とした。また、一見して居住が困難な被害を受けた場合も、仮設住宅入居申請時の罹災証明書を不要とする運用とした。

　「災害救助事務取扱要領」では、原則として建設型応急住宅については、生活家電は災害救助法の支援対象外と説明されている。しかし、避難所の生活を早期に脱して、よりよい住環境に移り住むことで災害関連死を防止することが喫緊の課題となっており、生活家電を用意しないことは、避難所生活の長期化を招くことにもなりかねない。水害の場合は、家屋損壊の程度にかかわらず、床上浸水や激しい雨漏り等で家電が故障するケースも多発するといえる。

　参考事例として、令和6年能登半島地震では、石川県が災害救助法適用対象外の生活家電についても、各自治体を通じて被災者に供与を行った場合は、石川県がこれを公費負担するという施策が講じられた。今後は災害救助法の特別基準の策定が求められる。

危第1643号

令和6年2月1日

　各都道府県知事
　各救助実施市長様
　県内各市町長

　　　　　　　　　　　　　　　　　　　　石川県知事

　　応急仮設住宅入居者に対する生活家電の給与について（通知）

　令和6年能登半島地震の被災者の方々への救助については、本県より各自治体に対し、令和6年1月15日付け危第1595号「広域避難者に対する災害救助法に基づく救助について（依頼）」のとおり協力

を要請しております。今般、災害救助法の対象とならない、応急仮設住宅入居者への生活家電（洗濯機、冷蔵庫、テレビ）の供与についても、各自治体において給与を行った場合には、下記のとおり県が費用負担することとしましたので、ご連絡します。

記

1　対象者

　災害救助法に基づき、応急仮設住宅（建設型応急住宅、賃貸型応急住宅、公営住宅等）に入居する者（各住宅間の住み替えを行う場合を除く）

2　対象家電

　洗濯機、冷蔵庫、テレビ

3　県負担額

　家電1点につき6万円（消費税を含む）を上限とし、1戸あたり総額13万円（送料、設置料、消費税を含む）を上限とする。

4　その他留意点

　費用については、後日、別添様式により、本県に求償してください。その際、災害救助法に基づく本県への求償分とは区別するようお願いします。求償については別途ご案内いたします。なお、各自治体にあっては、入居（予定）者から領収書等の証拠書類を提出いただくなど、内容をご確認の上で給与いただきますようお願いいたします。

COLUMN⑥　仮設住宅の入居申請に罹災証明書や厳密な被害区分は要らない

　ライフライン途絶、一見して明らかに半壊以上、床上浸水などの場合は、罹災証明書の発行を待つことなく仮設住宅入居の受付を開始することが必要である。以下、床上浸水を念頭に説明する。

　「床上浸水」とは、住家の床より上に浸水した場合や、土砂が流入して一時的に居住できなくなった場合等のことをいう。建物の構造自

体に大きな影響はなくても、風呂やトイレなどの水回りが機能不全になり、住めなくなってしまうことも少なくない。壁の内側への浸水により断熱材の総取り換えを余儀なくされる場合には、数百万円から一千万円という多額の修理費用がかかる場合もある。住宅を修理できないまま無理に居住を続けることで、汚泥やカビの繁殖で深刻な健康被害に陥ることすらある。このため、床上浸水の場合は、一刻も早い仮設住宅への入居が認められなければならない。

　ところが、床上浸水の場合、地震や津波と異なり建物が外力の大きな影響を受けないケースが多く、床上浸水がそれほど深くない場合、なかなか「半壊」以上の被害認定とならず「一部損壊」や「準半壊」程度にとどまる場合が多くある。これまでの水害では、弁護士の無料相談窓口には「電気も水道も使えず、土砂も残っていて、悪臭もひどい。とても住める状態ではないのに、罹災証明では一部損壊認定となり納得がいかない。仮設住宅へ入居できないのか」という声が寄せられている。

　令和5年7月14日からの大雨により甚大な被害が発生した秋田市では、「罹災証明書について、市は7月18日から申請の受け付けを開始。8月8日までに計6693件の申請があり、うち5割超の3750件が窓口での申請だった。ところが、これまでに発行したのは、いずれも床下浸水で同7日の8件、同10日の42件の計50件にとどまる」（朝日新聞2023年8月11日朝刊秋田版）など、発行までの期間が深刻な課題になった。このように、仮に従来の半壊以上の入居基準を満たす被災者であっても、罹災証明書の交付の遅れが、仮設住宅への入居手続きの遅れを呼び起こしていた。

　このように「床上浸水」では罹災証明書を待たずに、直ちに仮設住宅入居を認める運用を定着させるべきである。床上浸水かどうか、土砂流入によって居住に支障があるかどうか等は、直接の外観目視や、被災者自ら撮影した写真の確認などにより、自治体としても短時間で容易に判定できる。床上浸水は、半壊以上かどうかという認定を待た

ずとも、冒頭で述べたように、そもそも居住を継続するにふさわしくない被害であることが明白なのである。なお、日弁連は、令和5年12月14日付「応急仮設住宅の供与要件の見直しを求める意見書」で同趣旨の提言を行っている。

（2）みなし仮設住宅（賃貸型応急住宅）

　みなし仮設住宅とは、災害救助法による「賃貸型応急住宅」のことである。賃貸型応急住宅は、都道府県（救助実施市）が賃借人となって、賃貸人である事業者（大家）と賃貸借契約を締結したうえで、都道府県が被災者に転貸借するという三者契約の方式で供給される仮設住宅である。

　したがって、災害救助法の一般基準及び特別基準の範囲内において条件に合致する部屋のみが対象となる。災害救助法適用自治体内で候補が不足する場合には、県内外問わず、全国にその候補を募る必要があり、広域連携は不可避である。

　ただし、このような三者契約は、すでに会計検査院がその不合理性を指摘しているように極めて煩雑・迂遠であり、行政機関の事務負担も膨大となり、かつみなし仮設住宅の候補を減少させる。災害救助法に基づく「応急仮設住宅の供与」（災救法4条1項1号）の規定については、最大限柔軟に解釈し、被災者と事業者（大家）との賃貸借契約（二者契約）をしたうえで、基準範囲内の家賃・共益費・敷金・礼金・仲介手数料・火災保険料ほか入居時に不可欠となる費用について都道府県等が支払を代行するという、簡便かつ行政機関側としても負担の少ない運用に改めるべきである。

　被災者が自力で賃貸借契約（二者契約）を締結した場合でも、本来は仮設住宅に入居できる要件を満たしていた場合は、賃貸型応急住宅の供与（三者契約）へ切り替えることができ、その場合は入居日に遡って災害救助法の支援対象となる。この場合、すでに支払っていた賃料や敷金は被災者へ返還される。また、「災害救助事務取扱要領」では、仲介手数料・家賃債務保証料・火災保険料等は原則返金されないという説明になっている。

　しかし、この運用には大きな問題がある。二者契約の仕組みを整備して

図表3-1　令和6年能登半島地震における「みなし仮設」に係る費用負担
について

「みなし仮設」に係る費用負担について

制度の概要

○　「みなし仮設」は、被災者の応急的な住まいを確保するため、市
町が民間賃貸住宅を借り上げ、被災者に転貸するもので、国は、災
害救助法に基づき、**家賃、共益費、敷金・礼金、仲介手数料**又は**火
災保険等**その他民間賃貸住宅の貸主又は仲介業者との契約に不可欠
なものについて、**地域の実情に応じた額（実費）**を負担。

○　所有者（貸主）・市町（借主）・被災者（転借人）の**三者契約**。
　※　被災者・所有者間で、直接、賃貸借契約を締結している場合（二
者契約）には、再度、三者契約を締結する必要

【問題の所在と今回の取扱い】
　「みなし仮設」の募集等の前に、被災者が所有者との間で、直接、
賃貸借契約を締結した際に支払済の仲介手数料、家賃債務保証料、火
災保険料等の取扱いが問題となるところ、それぞれ、次のとおり整理
する。

⬇

＜仲介手数料＞
・仲介手数料は契約を締結するたびに発生し、国による費用負担は三
者契約の締結分に係る仲介手数料が基本となるが、二者契約の締結
について**被災者に帰責性がないと判断される場合**（自治体による周
知が間に合っていない等）には、二者契約の締結分に係る仲介手数
料も国が負担することとする。

＜家賃債務保証料＞
・家賃債務保証料は、連帯保証人を確保できない等の場合に、家賃滞
納時に一時的に立替え払いするサービスに対する対価であり、**二者
契約の締結に伴い固有に発生**するもの（市町が家賃を支払う三者契
約では発生しない。）。
・このため、家賃債務保証料は、災害救助法に基づく国が負担する対
象経費外であり、**国による費用負担は困難**。
　※　支払済の家賃債務保証料は、契約解除時にも返金されないのが
原則とのこと

＜火災保険料＞
・火災保険料は、失火時の原状回復を担保するもので、国による費用
負担は三者契約の締結分に係る火災保険料が基本となるが、二者契
約の締結について**被災者に帰責性がないと判断される場合**（自治体
による周知が間に合っていない等）には、二者契約の締結分に係る
火災保険料も国が負担する方向で、関係者と調整する。

（出典：内閣府作成資料（令和6年2月））

みなし仮設を供与するまでには、災害発生からかなりのタイムラグがあるので、まずは二者契約をして住宅を確保したうえで、契約を切り替えることを都道府県や市町村が推奨する場合もある。不可避的に被災者が負担せざるを得ない仲介手数料、家賃債務保証料、火災保険料等は、災害救助法によって国費負担とすべきである。

　令和6年能登半島地震では、この点が問題となり、石川県と内閣府（防災担当）との協議の上で、次のような特別基準策定の対応がとられ、二者契約（自力での賃貸借契約）か三者契約（みなし仮設住宅の供与）への切替えの際に、二者契約時の仲介手数料と火災保険料相当額は、災害救助法により負担されることになった（被災者へは返金される扱いになった）。ただし、家賃債務保証料は国による負担ができないという整理になってしまっている点は、相当問題を残しているといわざるを得ない。

（3）応急仮設住宅の入居期限と延長

　建設型応急仮設住宅の供与期間（被災者の入居期限）は、災害救助法の一般基準告示により建築基準法上の「応急仮設建築物」の存続可能期間である2年間（建築基準法85条3項・4項）である。賃貸型応急住宅には、建築基準法上の制限はないが、建設型応急住宅との均衡の観点から2年間となっている。

　建築を所管する都道府県又は建築主事を置く市では、被災者のニーズや復興まちづくり等の進捗に応じて応急仮設建築物の存続期間について、1年ごとに延長の許可を行うことができる（令和4年5月に成立した「地域の自主性及び自立性を高めるための改革の推進を図るための関係法律の整備に関する法律」による建築基準法の改正により、これまで特定非常災害特別措置法に基づき国が判断していた部分を都道府県等で判断できるようにした）。

　延長時の災害救助法の対象については、「特定非常災害」の政令指定があった災害などの大規模な災害については、特別基準の協議によって、1年ごとの期間の延長により対応することになる。都道府県は特定非常災害

や大規模な災害で仮設住宅の期限を延長すべきと考えられる場合には、前倒しで積極的に国との協議を実施しなければならない。

COLUMN⑦ 特定非常災害とは

特定非常災害とは、「著しく異常かつ激甚な非常災害」であって、当該非常災害の被害者の行政上の権利利益の保全等を図るために、措置を講ずることが特に必要と認められるものが発生した場合に、政令指定される災害である。「特定非常災害の被害者の権利利益の保全等を図るための特別措置に関する法律」(特定非常災害特別措置法)が根拠である。

「著しく異常かつ激甚な非常災害」かどうかは、(1)死者・行方不明者、負傷者、避難者等の多数発生、(2)住宅の倒壊等の多数発生、(3)交通やライフラインの広範囲にわたる途絶、(4)地域全体の日常業務や業務環境の破壊、などを総合的に勘案して判断する。過去には、阪神・淡路大震災(1995年)、新潟県中越地震(2004年)、東日本大震災(2011年)、熊本地震(2016年)、西日本豪雨(2018年)、令和元年台風第19号(2019年)、令和2年7月豪雨(2020年)、令和6年能登半島地震(2024年)が特定非常災害となった。特定非常災害では、いずれの場合も仮設住宅の入居期限の2年以上への延長が認められている。

特定非常災害特別措置法の適用地域(災害救助法が適用された市町村)が政令指定と同時に、当該災害で講ずべき措置が政令指定される。講じられる措置は、令和4年の法改正後は、(1)行政上の権利利益に係る満了日の延長(法3条)、(2)期限内に履行されなかった義務に係る免責(法4条)、(3)債務超過を理由とする法人の破産手続開始の決定の特例(法5条)、(4)相続の承認又は放棄をすべき期間に関する民法の特例措置(法6条)、(5)民事調停法による調停の申立ての手数料の特例措置(法7条)、(6)景観法による応急仮設住

宅の存続期間の特例措置（法8条）である。また、総合法律支援法に基づく法律相談等の無料措置を講じる地域（災害救助法が適用された市町村）も政令指定されるのが通例である。

　ただし、特定非常災害級の災害となれば、基本的には県全域において大小様々な被害が発生しているので、特定非常災害の適用区域は、市町村単位ではなく都道府県単位とするのが本来はふさわしい。政令の運用改善は急務といえる。

（4）緊急修理制度

　「住家の被害の拡大を防止するための緊急の修理」（内閣府一般基準告示7条1号）は、具体的には、屋根等に被害を受けた住家へのブルーシートの展張等の緊急修理を災害救助として実施するものである。令和5年4月1日以降の災害から新たに一般基準告示に創設された。「準半壊」以上の被害を受けた住宅が対象である。

　災害により屋根の損傷等があると、その後の地震による瓦屋根の脱落、暴風による屋根の更なる破損、雨による屋内浸水被害（雨漏り）等で、住宅被害がさらに拡大する。また、被災者自らが屋根でブルーシート設置や修繕作業を行うことで、転落して災害関連死となる事故も発生した。

　そこで、①屋根等に被害を受け、雨漏り又は雨漏りのおそれがある住家へのブルーシート等の展張、②損傷を受けた住宅の外壁や窓硝子へのブルーシートの展張やベニヤ板による簡易補修による風雨の侵入の防御、③アパートやマンション等の外装材（タイルやモルタル等）の剥落に伴う落下防止ネットの展張（損傷した住宅前の歩行者の安全確保（二次被害防止）のため）、などのサービスの実施を災害救助法に新設した。

　これらは災害発生直後から実践しなければ効果がなくなってしまうため、罹災証明書等の発行を待たずして直ちに広報したうえ、被災者からの申請を促す必要がある。被災者の持参した写真や自治体職員の臨場、ドローン撮影写真をまとめたウェブサイトの情報等で、少なくとも「準半壊」以上であると認められる場合（屋根であれば、瓦のずれや下地の露見が確

161

認できるなどの場合）には、躊躇なく支援を開始すべきである。

（5）応急修理制度

　応急修理制度は、災害救助法の一般基準告示における「日常生活に必要な最小限度の部分の修理」（内閣府一般基準告示7条2号）のことである。内閣府一般基準告示によれば、大規模半壊、中規模半壊、半壊世帯の場合は1世帯706,000円以内、準半壊世帯の場合は1世帯343,000円以内である（令和5年4月1日現在）。修繕工事においてこれを超える金額があれば被災者側の自己負担となる。災害によっては、都道府県や市町村が独自の金額上乗せ支援策を行うこともあり、確実に被災者が併用できるようにしておくべきである。

　例えば、令和6年能登半島地震の新潟県では、災害救助法による応急修理の金額とは別に、大規模半壊100万円、中規模半壊・半壊50万円、準半壊30万円の独自支援を実施した。

　応急修理制度を利用すると、仮設住宅への入居はできないのが原則である。ただし、令和2年7月豪雨をきっかけに、応急修理をする被災者のうち、応急修理の期間が1か月を超えると見込まれる者であって、住宅が半壊（住宅としての利用ができない場合）以上の被害を受け、他の住まいの確保が困難な者については、応急修理期間中に応急仮設住宅を使用することが可能となった。

　住宅の応急修理では、被災世帯の被害区分によって支援内容が異なるため、被害状況の保存のために、被災者にも協力を促して修繕や片づけを行う前に写真撮影をしておくことが望ましい。「災害救助事務取扱要領」では被災者による写真撮影を前提とするような記述も見受けられるが、実際は工事業者が専門家として適切に撮影を行うべきであり、平時から業界団体と申し合わせておく必要がある。

　また、災害救助法に基づく応急修理費用の支払いは、自治体から修理業者に対して行うスキームであるため、すでに被災者が修繕費用を業者に支払ってしまった後では、当該制度を利用できない。都道府県及び市町村で

は、被災者が当該制度を確実に利用できるよう、災害直後からかなり濃密な情報発信や周知啓発活動を行う必要がある。

2 災害救助法の適用による他機関の支援

災害救助法に直接規定されている救助メニューのほかにも、災害救助法の適用をトリガーとして公的支援や民間事業者の支援が発動されることが常態化している。災害救助法以外のメニューも遺漏することなく都道府県や市町村から被災者らへ確実に周知伝達され、手続きの遺漏がないような濃密な情報提供を行っていく必要がある（『災害復興法学Ⅲ』第2部第5章参照）。以下に代表的な支援を列挙する。

（1）金融関係

災害救助法の適用された市町村のある都道府県を管轄する財務省の各財務局及び日本銀行の各支店の連名により、預貯金取扱金融機関、証券会社等、生命保険会社、損害保険会社、少額短期保険業者及び電子債権記録機関に対して、「災害等に対する金融上の措置」が通知・公表される。

例えば預貯金取扱金融機関に対しては、「預金証書、通帳を紛失した場合でも、被災者等の被災状況等を踏まえた確認方法をもって預金者であることを確認して払戻しに応ずること」「災害等の状況、応急資金の需要等を勘案して、融資相談所の開設、融資審査に際して提出書類を必要最小限にする等の手続きの簡便化、融資の迅速化、既存融資にかかる返済猶予等の貸付条件の変更等、災害等の影響を受けている顧客の便宜を考慮した適時的確な措置を講ずること」「『自然災害による被災者の債務整理に関するガイドライン』の手続き、利用による効果等の説明を含め、同ガイドラインの利用に係る相談に適切に応ずること」「罹災証明書を求めている手続きでも、市町村における交付状況等を勘案し、現況の写真の提出など他の手段による被災状況の確認や罹災証明書の後日提出を認める等、被災者等の便宜を考慮した取扱いとすること」など多数の要請がなされる。

163

行政機関や民間支援者らもこれらの事実を把握し、適時に正確な情報提供支援を行うことで、被災者の混乱や不安を払拭することが求められる。

（2）中小企業支援関係

経済産業省及び中小企業庁は災害救助法適用の直後に、「被災中小企業・小規模事業者支援措置」と題するお知らせを公表する。通称「5点セット」と呼ばれており、その内容は、①特別相談窓口の設置、②災害復旧貸付の実施、③セーフティネット保証4号の適用（信用保証協会が一般保証とは別枠の限度額で融資額100％を保証）、④既往債務の返済条件緩和等の対応、⑤小規模企業共済災害時貸付の適用である。特に資金繰りや既存ローンへの対応に重点が置かれており、支援への誘導は不可欠である。

（3）医療・介護関係

厚生労働省は、災害救助法適用の直後に、「災害の被災者に係る被保険者証等の提示等について」を公表し、保険証を紛失又は自宅等に残して避難中などの被災者が、口頭等で氏名等を伝えることで、保険証や本人確認資料がなくても保険医療（1割から3割負担）を受けられる旨を関係機関に通知する。介護保険も同様である。

さらに、大規模災害時には、被災者が、①住家の全半壊、全半焼、床上浸水又はこれに準ずる被災をした旨（罹災証明書の提示は必要なく、窓口での口頭申告で足りる）、②主たる生計維持者が死亡し又は重篤な傷病を負った旨、③主たる生計維持者の行方が不明である旨、④主たる生計維持者が事業を廃止又は休止した旨、⑤主たる生計維持者が失職し現在収入がない旨、のいずれかを医療機関等の窓口で申告すれば、医療費は無料となる。

無料措置は期限が限られているため、厚生労働省が情報を発信したら直ちに被災者へ周知を開始しなければならない。

（4）通信関係

　災害救助法が適用されると、被災者の受信料・視聴料（NHK、WOWOW、スカパーJSAT等）や携帯電話（NTTドコモ、KDDI、ソフトバンク、楽天モバイル、ほかMVNO各社）、固定電話（NTT東日本、NTT西日本、NTTドコモ、KDDI、ソフトバンク、ソニーネットワークコミュニケーションズ、ほか光コラボレーション事業者各社）の通信料金の猶予、減額、免除、サービス優遇措置等の被災者支援措置を通信各社がそれぞれ独自に実施する。被災者ごとに契約者は異なるが、おおむね各社同様の対応を災害ごとに行う。

　ただし、優遇措置には期限があり、料金減免措置などは支援の期限が短期間の場合もある。災害直後から、契約各社への問い合わせを被災者へ促す必要がある。総務省は、災害救助法適用の直後に、これらの各種措置を取りまとめてウェブサイトに掲示する。

（5）電気・ガス関係

　災害救助法が適用されると、電力会社は、災害規模に応じて、①電気料金の支払期日の延長、②不使用月の電気料金の免除、③使用不能設備相当分の基本料金の免除等の各種被災者支援措置を行う。

　また、ガス会社は、①臨時のガス工事費の免除、②ガス料金の支払期限の延長、③不使用月のガス料金の免除等の各種被災者支援措置を行う。

　これらの支援を受けるためには被災者が事業者へ申請しなければならないケースが多いため、契約各社への問い合わせを促す必要がある。関係事業者が多いことから、経済産業省のウェブサイトなどには必ずしも情報の取りまとめがなされるとは限らないので、なおさら被災者自らの確認が重要になる。

（6）水道関係

　上下水道料金は、市町村により運営されていることが多いため、災害直後から料金に関するお知らせをウェブサイトに掲載したうえで、被災者へ

周知を徹底しなければならない。少なくとも災害救助法が適用された場合
は、被災者からの申請の有無にかかわらず、市町村側で災害発生時に遡っ
て「一斉閉栓処理」などを実施し、一律で料金請求を停止する運用を行わ
なければならない。

　料金請求の再開時期については、改めて市町村から全住民に対して郵便
などによる通知を行う。

3　自然災害債務整理ガイドライン

　自然災害による被災者の債務整理に関するガイドライン（通称「被災
ローン減免制度」）は、災害救助法が適用された自然災害の影響により住
宅ローンの支払いが困難となった個人（個人事業主含む）が、一定の条件
で利用できる制度である。メリットとして、破産手続のように信用情報
（ブラックリスト）登録がないこと、連帯保証人への請求もされないこと、
登録支援専門家（弁護士）の支援を無料で受けられること、通常の破産手
続以上に手元に残せる財産が多いこと、などがある。

　収入や資産により結果として利用できない可能性はあっても、まずは地
域の弁護士会の無料相談窓口へローンの支払いに関する相談をすることが
必須である。自治体としてもこれらの情報への誘導を確実に行う必要があ
る。制度詳細は「一般社団法人東日本大震災・自然災害被災者
債務整理ガイドライン運営機関」のウェブサイトに詳しい。

4　雑損控除

　雑損控除とは、災害等により資産が損害を受けた場合等に受けることが
できる所得控除である。損害額のうち総所得金額の10％を超える部分が
控除金額となるため減税効果も小さくない。普段確定申告をしない者も減
税効果が見込まれるため、周知徹底が求められる。特に水害では住家被害
が床下浸水や床上浸水で「一部損壊」や「半壊」未満にとどまり、公的な

給付支援や義援金配分がほとんどないケースもある。

　雑損控除は住宅に加え家具や衣類の被害等を考慮でき対象者は広いため、必ず検討を促す必要がある。そのほか選択的に災害減免法に基づく所得控除や、被災事業用資産等の損失の必要経費算入などの支援もある。

5　リバース・モーゲージ

　住宅金融支援機構による「災害復興住宅融資（高齢者向け返済特例）」（災害型リバース・モーゲージ）は、地震等の災害で住宅に被害が生じた、満60歳以上の者が利用できる、住宅復旧のための建設・購入資金・住宅補修のための融資である。建設・購入は罹災証明書で「半壊」以上の場合に、住宅補修は「一部損壊」の場合に利用できる。月々の返済は利息のみで、借入金の元金は申込人（連帯債務者を含む）全員が死亡したときに相続人が元金を一括返済するか、担保を売却して返済に充てる。売却価格が元金を下回っても残りの返済は不要である。

　特に水害では「一部損壊」の住宅が多数に及ぶことで公的支援による修繕費用を捻出することが困難である。そのようなときにこそ、災害型リバース・モーゲージによる支援へのマッチングが求められる。

6　災害ADR（裁判外紛争解決手続）

　災害ADRとは、災害に関連して発生した紛争の解決を目的に、都道府県弁護士会が任意に立ち上げる裁判外紛争解決手続（ADR）の仕組みである。申立手数料や期日手数料の無料措置がとられたり、その他の手続費用や報酬も通常より減額されたりして運用される。

　弁護士が当事者の間に入り和解の仲介を行うもので、裁判所を利用しないことから、被災当事者にとっては手続利用への心理的ハードルが低い。紛争＝裁判というイメージだけしかないと、被災当事者としても心理的負担が大きく、なかには泣き寝入りしてしまう事案もあるため、弁護士会が

「災害ADR」を行っているという知識それ自体が、被災者の紛争解決意欲を後押しすることになる。

　水害の時の典型的な被災者のリーガル・ニーズについては『改訂版　自治体職員のための災害救援法務ハンドブック—備え、初動、応急から復旧、復興まで—』でも解説しているが、主なものをここでも紹介すると、「台風で屋根瓦が飛散・落下し近隣住戸に被害を与えしまったが賠償責任はどうなるのか」「隣家の盛土が崩れて土砂やがれきが自宅敷地に流入してきたが、被害の賠償や撤去などを請求できるのか」「台風で山林の樹木が倒壊して自宅の一部を押しつぶしてしまったが山林所有者へ賠償請求や撤去を求めることができるのか」など、被災者どうしの損害賠償紛争（民法の工作物責任の事例や、所有権に基づく妨害排除や妨害予防請求の事例）等が多い。特に工作物責任（民法717条1項）に基づく損害賠償請求に関する紛争では、加害者（所有者または占有者）に責任があるかどうかにおいて、当該工作物に「瑕疵」（通常有すべき品質や安全性を欠くこと）があるかどうかが争点となるが、瑕疵への該当性の判断は高度で複雑な法的判断を必要とするため、当事者の話し合いだけで納得する結論に至ることは難しい。

　また、瑕疵の存在が認められ工作物責任自体を負うことになっても、損害の全額を賠償すべきか、割合的なもので足りるか、という検討も必要になる。裁判例をみても、工作物の「瑕疵」の存在は認めながらも、損害額全額を賠償させるのではなく、自然災害の「寄与度」を割合的に斟酌して、認定した損害の「5割」を賠償額として認めたものや（阪神・淡路大震災の事例として神戸地方裁判所平成11年9月20日・判例時報1716-105）、「損害の3分の1」を賠償額として認めたもの（昭和53年台風第18号で飛散落下した屋根瓦が隣家建物を損壊させた事例について福岡高等裁判所昭和55年7月31日・判例時報992-71）などがある。このような事例は話し合いによる解決を目指す「ADR」の手法と親和性が高い。

　近年の水害で代表的な例としては、西日本豪雨（平成30年）やその前後の水害等において、広島弁護士会、岡山弁護士会、愛媛弁護士会が、そ

れぞれ災害発生直後から精力的に災害ADRに取り組んでいる（『災害復興法学Ⅲ』第2部第1章）。令和元年房総半島台風やその後の令和元年東日本台風で重畳して被災した千葉県でも、千葉弁護士会が災害ADRを立ち上げ、被災者間の紛争解決に大きく寄与した。令和2年7月豪雨では、熊本弁護士会が熊本地震でのノウハウも生かしながら、災害ADRの窓口を設置するに至っている（『災害復興法学Ⅲ』第2部第2章）。

　都道府県や市町村としても、災害救助の延長線上に被災者の抱える紛争の解消を位置付け、被災者のリーガル・ニーズを適切に把握し、弁護士会の無料相談窓口や災害ADR窓口へ誘導したり、ADRの開催場所に公共施設や会議室を無償で手配したりするなど、積極的な関与が求められる。

COLUMN⑧　水害支援と災害ケースマネジメント

　災害ケースマネジメントとは、「被災者一人ひとりの被災状況や生活状況の課題等を個別の相談等により把握した上で、必要に応じ専門的な能力をもつ関係者と連携しながら、当該課題等の解消に向けて継続的に支援することにより、被災者の自立・生活再建が進むようにマネジメントする取組」をいう（内閣府ホームページより）。端的には行政やその委託を受けた民間支援団体などから被災者へアウトリーチをし、申請主義にとらわれることなく適切な支援を受けられるようサポートしていく、人的支援やサービスの提供及び見守り・寄り添い支援活動である。

（内閣府HP）

　「災害ケースマネジメント実施の手引き（令和5年3月）」や、「災害ケースマネジメントに関する取組事例集（令和4年3月）」などを参照し、確実に災害ケースマネジメント支援を被災者生活再建支援や復興まちづくり支援の中核に据える必要がある。

　令和6年能登半島地震でも、内閣府通知「令和6年能登半島地震に係る災害ケースマネジメント等の被災者に寄り添った支援の実施について（依頼）」（令和6年2月28日府政防第414号）が発出され、「各

部局が連携した体制の構築」「被災者の状況把握」「民間団体との連携」
「継続的な支援の実施」「支援記録の作成等」「デジタル技術の活用」
「被災高齢者等把握事業、被災者見守り・相談支援等事業の活用について」といった項目について助言がなされるなど、災害ケースマネジメントは近年の災害復興支援の基本軸として定着したといえる。

　水害では、床下浸水等で「一部損壊」や「準半壊」の被害区分となる場合も多く、罹災証明書の発行を受けたとしても、その後は必ずしも被災者生活再建支援金、応急修理制度、仮設住宅入居、十分な義援金の配分等の支援にありつけない被災者が多い。そのため、被害を受けた住宅に何らの支援も受けられないまま孤立し在宅する（在宅被災者となる）ケースが多発する。行政側からアウトリーチして被災者として把握していかない限り、生活再建から取り残されてしまうのである。

　行政だけでは災害ケースマネジメントの実践は不可能である。民間支援団体や近隣市町村と連携して、多くのステークホルダーが被災者にかかわることが重要になる。

事前研修・参考文献編

1 全庁的な災害救援法務研修の実践

　本書の最終章では、本書の内容をより広く職務で実践していくために行うべき研修の実践等を提案したい。

　すでに災害対応のための研修は各地で実践されているところであるが、医療技術、福祉・介護技術、避難所の設営と運営技術、災害対策本部の設置と運営技術などのテクニカルな研修がその大勢を占めている。ところが、災害対応の基本となるのは、法律に基づく適時適切な行政執務の執行に他ならない。本書はその前提となる災害救援法務の基礎知識と法律的思考の基本的考え方を示したものである。

　特に強調しておきたいことは、災害救援法務に関する研修は、危機管理や防災を冠する部署のみを対象にしてはならないということである。本書で解説する基本的な災害救援法務の知識は、市長・副市長をトップとする全部局、議会事務局、教育委員会その他の行政委員会のすべてに不可欠である。研修を繰り返し実施し、数年のサイクルのなかで必ず全部署の全職員が災害救援法務研修の基本的なプログラムを完了する職員教育プログラムを計画しておくことが必要である。

　さらに、各部局のカウンターパートとなる外郭組織や民間事業者等にも災害対応について共通認識を醸成してもらう必要があるため、都道府県や市町村側が主催して、災害法務研修を企画していくことが重要である。社会福祉協議会、地域包括支援センター、民生・児童委員、市町村等の消防部局、都道府県の警察部局、自治会・町内会、商工会議所・商工会、専門士業団体、各種事業委託先の民間事業者や指定管理者、ボランティア支援団体など、その対象は広範囲に及ぶべきである。

2 災害救援法務研修プログラムの提案

　具体的な災害救援法務研修のプログラムをいくつか提案する（各専門分野における研修プログラムについての解説は、『災害復興法学Ⅲ』第3部

に詳しい）。いずれのプログラムも、本書、姉妹書、及び後述の役立つ参考文献などをテキスト採用することで相乗効果を生むことができるだろう。

（1）災害救助法の運用実務と実践的活用に関する研修

　本書や姉妹書でも相当の分量を割いて解説している、災害救助法の適用と運用に関する法務実務については、特に集中的かつ徹底的な研修が不可欠である。中途半端な知識や過去から更新されていない知識は、かえって災害対応の弊害となり、ひいては市民の救援救護にとって逆効果となる。

　また、災害関連死を防止するための避難所生活や在宅避難生活の環境整備も、その根拠の多くが災害救助法である。災害救助法の構造、災害救助法適用の意義、4号適用基準、一般基準と特別基準、関連する各種指針やガイドライン、これらの知見をアップデートする方法、災害直後に国などの通知や事務連絡を逃さないための準備事項、都道府県や近隣市町村の支援を呼び込む受援力、国、都道府県、市区町村間の調整ノウハウなどを学ぶ講座の実践が不可欠である。

（2）災害時における個人情報の保護と利活用に関する研修

　災害時こそ、自治体が保有する住民の個人情報を適切に共有・開示することで、人命救助や被災者生活再建支援を効果的に実践していく必要がある。そもそも個人情報保護法自体が比較的歴史の浅い法律であると同時に、大学教育やリカレント教育の場が著しく少ない。自然災害と個人情報の利活用に関する政策法務実務となればなおさらである。

　そこで、意識的に個人情報をテーマにした研修を実践していく必要がある。少なくとも個人情報保護法の基礎知識、災害時における個人情報の利活用、安否不明者の氏名開示、死者情報の氏名開示、災害対策基本法による避難行動要支援者名簿、個別避難計画、被災者台帳に関する法務実務等を学ぶことは不可欠である。また、個人情報保護法や災害対策基本法における被災者台帳制度を理解することは、デジタル技術の活用による災害後の被災者の把握や災害ケースマネジメントの実践にも不可欠となる。

（3）災害関連死と災害弔慰金支給審査に関する研修

　災害関連死とは、災害による直接死（家屋倒壊や土砂災害等による圧迫死、洪水害や津波による溺死、火災による焼死等）以外で、災害と相当因果関係のある死亡をいう。災害救援法務との関係では、災害関連死の認定を行う災害弔慰金支給審査委員会の設置と、その事務局業務が主な市町村の責務となっている（災害弔慰金法18条及び19条参照）。災害弔慰金制度の周知啓発の課題、災害弔慰金審査委員会の設置ノウハウ、審査事務局の運営とあり方、資料収集の方法、審査委員会有識者の選定などについては、市町村自らが事前準備をしておく必要がある。また、災害関連死の認定は法的評価であることから、事務局と専門家（弁護士）の役割分担についても十分な事前理解をしておく必要がある。

（4）組織の安全配慮義務と自治体BCP（業務継続計画）に関する研修

　自然災害からの脅威や危機時にあっても、組織はできる限りの安全配慮義務を果たし、関係者の生命及び身体を保護し安全を確保すべき義務を負っているというのが近時の判例法理である（『災害復興法学Ⅱ』）。

　本書でも水害によって設備が被害にあったりその結果として人命が失われたりしたことが、実質的には自治体の安全配慮義務違反の有無を争点として、国家賠償責任に基づく損害賠償紛争になった例を紹介しているところである（第1章第4節1参照）。また、水害では最低限の基礎的な気象防災情報の収集と、それに基づく適切かつ迅速な判断が必要になることも、本書で気象情報の基礎知識を学ぶことで実感していただいたところである（第1章第3節参照）。行政機関をはじめ組織の安全配慮義務が争点となった裁判例を分析することで、現在の危機管理マニュアルから自治体の業務継続計画に活かすべきポイントを学ぶことが、管理職のみならず、全ての職員にとって必要である。

（5）被災者の生活再建と法制度に関する研修

　主に応急期の災害救援について定めている災害救助法のみならず、被災後に被災者が生活再建を果たすために利用しなければならない法制度は多数にのぼる。本書でも「第3章　復旧・復興編」で各種支援制度を詳述したところである。ところが、これらの制度を制度の名称と内容だけ記憶していても、いざ災害が起きたときに、どのような場面で、誰に対し、どのように伝えていくかというノウハウは必ずしも得られない。

　そこで、被災者がそもそもどのようなリーガル・ニーズを抱えているのかを、過去の災害を通じて被害態様別・類型別に体感していくことが必要である。そうすることで、次第に被災者に共通するリーガル・ニーズが把握できるようになる。それを踏まえて、具体的に被災者が必要となる法制度情報が何かをマッチングすることになるが、過去の具体的なモデルケース等を通して制度の使いどころを学ぶことができる。

　例えば、災害復興法学研究により誕生した「被災したあなたを助けるお金とくらしの話」防災教育プログラムなどは、被災者のリーガル・ニーズと紐づいた形で、本書で解説した各種制度の知識を学ぶことができる研修ないしワークショップのプログラムである。

3　役立つ参考文献

■ 中村健人・岡本正著『改訂版　自治体職員のための災害救援法務ハンドブック―備え、初動、応急から復旧、復興まで―』第一法規、令和3年

　本書の姉妹書である。大規模災害時に想定される主な自治体職員の実務に必要な法的知識とその活用について、できる限り時系列で示すことに力点を置いてまとめられた実務書。ここでいう「大規模災害」は、主として首都直下地震、南海トラフ地震及びそれと同程度の災害を念頭に置いており、当該災害について、災害救助法、被災者生活再建支援法、災害弔慰金の支給等に関する法律のように、一定の発動要件がある主要な災害関連法令が適用されることを前提としている。

◉ **大橋洋一編『災害法』有斐閣、令和4年**

　原子力災害、土砂災害、豪雨災害、大規模地震等の各災害にかかわる法や自治体と災害関連法の関係等について、災害法分野の研究者による論考をとりまとめた学術書。学術書ではあるが、行政実務に従事する公務員や法曹関係者といった実務家も読者層のターゲットとしており、災害法分野に関心を持つ読者が「まず最初に手に取るにふさわしい1冊」に仕上がったとされている。

◉ **村中洋介著『災害行政法（第2版）』信山社、令和6年**

　水害や土砂災害に関する法制度をはじめ、地震・津波に関する法制度等の概説のほか、災害に係る裁判例の分析からコロナ感染症からみる災害法制まで、災害に係る行政法全般を取り扱った学術書。学術書ではあるが、行政実務担当者や災害に携わることのある福祉関係者、自主防災組織の関係者等の実務家も読者層のターゲットとしており、多方面の関係者に災害と行政のかかわりを学ぶ機会を提供するものである。

◉ **岡本正著『被災したあなたを助けるお金とくらしの話　増補版』弘文堂、令和3年**

　被災者の生活再建に役立つ知識を、大きく「はじめの一歩」「貴重品がなくなった」「支払いができない」「お金の支援」「トラブルの解決」「生活を取り戻す」「被災地の声を見る」の類型にわけ、合計30のコンパクトな話にまとめた「防災バッグに備蓄する本」。徹底的に被災者目線で、予備知識が一切なくても読み始められる内容になっている。

◉ **山崎栄一・岡本正・板倉陽一郎著『個別避難計画作成とチェックの8STEP〜災害対策で押さえておきたい個人情報の活用と保護のポイント〜』ぎょうせい、令和5年**

　災害対策基本法による避難行動要支援者名簿、個別避難計画、被災者台帳等を中心に、災害対策や災害時における個人情報の利活用を実現するための法律上の根拠と政策実務ノウハウを凝縮した実務書。個人情報保護法一元化後の法制度に対応し、条例策定のためのモデルケースや先例も豊富に掲載している。

▣ 岡本正著『図書館のための災害復興法学入門―新しい防災教育と生活再建への知識―』樹村房、令和元年

被災者の生活再建に役立つ法制度を教育活動に活かすためのノウハウや、災害救助法の運用に資する過去の先例などを収集する技術を解説したもの。各テーマをまとめたグラフィックレコードの図版が特徴。「家計の防災」ワークショップや「復興新聞を作ろう」ワークショップなどの研修企画をつくり上げるための解説書。社会教育、生涯学習教育、金融教育（マネー教育）、主権者教育、消費者教育、法教育と、防災教育との親和性などについても簡単に解説している。

▣ 第一東京弁護士会災害対策委員会編『災害法律相談Ｑ＆Ａ』勁草書房、令和５年

自然災害全般で弁護士が被災者に相談活動を行うための必携書として出版されたＱ＆Ａ集。令和６年３月現在では類書のなかで最も新しい書籍。弁護士等の相談者向けの書籍ではあるが、被災者からどのような相談が寄せられるのか、行政としてもどのような疑問が災害時には生じるのかについて網羅的に把握することができる。被災者のリーガル・ニーズの把握のために「Ｑ」だけでもすべて目を通しておくことが望ましい。

▣ 岡本正著『災害復興法学』慶應義塾大学出版会、平成26年

主に、東日本大震災の被災者の弁護士無料法律相談事例（１年間で４万件以上）を分析して、被災地のリーガル・ニーズを詳細に解説している。災害後に法改正や新規立法によって誕生した新たな制度とその制度ができるまでの政策提言活動や復興政策の軌跡をまとめ、残された課題を提示している。

▣ 岡本正著『災害復興法学Ⅱ』慶應義塾大学出版会、平成30年

熊本地震や平成26年広島市土砂災害の被災者の弁護士無料法律相談事例を分析して、被災地のリーガル・ニーズを詳細に解説している。新たな復興政策の軌跡をまとめ、残された課題を提示する『災害復興法学』の続刊。災害救助法の課題、被災者生活再建支援法の課題、災害関連死の課題など現在まで続く課題も数多く収載。東日本大震災の津波被災訴訟につい

ても詳細分析を行っている。

■ 岡本正著『災害復興法学Ⅲ』慶應義塾大学出版会、令和５年

　新型コロナウイルス感染症、西日本豪雨、令和元年東日本台風等を中心に被災者の弁護士無料法律相談事例を分析して、災害ごとのリーガル・ニーズを詳細に解説している。令和以降の各地の台風被害で現れた課題やエピソードも多数収載し、シリーズでは「水害」に最も重点が置かれている。『災害復興法学』及び『災害復興法学Ⅱ』から続く課題を含め、南海トラフ地震や首都直下地震に備える提言を数多く盛り込んでいる。

■ 中村健人著『問題解決力があがる　自治体職員のための法的思考の身につけ方－課長、ウシガエルを薬殺したいという住民の方からお電話です！』第一法規、令和４年

　自治体による「法律による行政の原理」の実現のため、自治体職員に求められる法的思考について、その身に付け方と想定事例に基づく実践を解説した実務書。法的思考の応用範囲は広く、水害との関連でいえば、特にその発災時に往々にして必要となる未知・想定外の場面への対応時に威力を発揮すると考えられる。

おわりに

　令和6年1月1日、最大震度7を記録する能登半島地震が発生した。私は現地で活動する仲間たちの後方支援を開始し、1月中旬頃からは石川県の政策法務支援にも関わることになった。本書で紹介した災害救助法の特別基準の設定、被災者台帳や被災者データベースの構築、個人情報の取扱いに関する知見等は、能登半島地震支援の実績を反映させたものである。それらは将来起こるであろう水害からの復旧・復興・生活再建にも役立つ知恵になると確信している。

　『改訂版 自治体職員のための災害救援法務ハンドブック　備え、初動、応急から復旧・復興まで―』では、新型コロナウイルス感染症を踏まえた災害救援法務の最新の知見を反映したが、能登半島地震を受けて更なるアップデートが不可欠になった。同じ災害は二度起きない。私たちは、都度新しい政策に挑戦することを余儀なくされる。しかして、その経験は、次の災害に立ち向かう知恵として備蓄できることを、本書を通じて実感していただけたら幸いである。

　まだまだ足りない部分もある。現在の災害対策基本法では、避難行動要支援者名簿の情報を平時から十分に共有するためには、市町村が独自に条例を制定しなければならない。マイナンバーの活用も同様である。条例の有無で災害対応に格差がでないよう、国レベルでの法整備は今後とも欠かせない。災害救助法の救助等の基準の底上げも待ったなしである。私も「災害復興法学」研究を通じて、これらの課題を引き続き提言する所存である。読者の皆様のご助力を是非ともお願いしたい。

　本書では一貫して、災害対応にかかわるすべての者が「法律的思考力」を身に付けるべきだと訴えている。行政による職務執行の根拠は「法律」にある。法律を適切に解釈し、住民の命の救援や生活再建を達成することが、行政の存在意義であり目的である。そのためには、法律の言葉を果敢に、柔軟に、解釈することに挑戦しなければならない。災害救助法の「4

号基準」や、個人情報保護法の「特別の理由」などの条項は、目的を達成するために有効活用すべき道具であり、武器なのである。この思いは、常勤の自治体職員を経験した中村健人氏も重視してきた部分であり、読者の方々は本書の端々に私たちのメッセージが込められていることに気付かれることだろう。

　私事であるが、令和5年に気象予報士試験に合格して気象庁にも登録した。本書では、最低限知っておいていただきたい防災気象情報を簡単に解説することにした。私自身、気象学の専門家と共同研究をする過程で、これまで以上に臨場感をもって台風や豪雨災害に向き合う姿勢が芽生えた。その臨場感の差はごく基本的な気象知識の有無だったことを痛感したのである。

　上述の前著を「赤本」とするならば、本書は「青本」である。これらを平時から生かす研修プログラムの例も本書ではお示しした。法律を知り、法律的思考力の実例に触れることが、未知の災害に立ち向かう皆様の勇気になればと願う。

　表紙カバーには、前著に引き続き、岡本全勝市町村職員中央研修所（市町村アカデミー）学長・元復興庁事務次官に推薦の御言葉をいただいた。著者一同これを胸に今後とも災害に強い人づくりを目指していきたい。本来ならお世話になった一人ひとりに御礼の言葉を述べなければならないところであるが、記述し尽くせないことをお詫びしたい。最後に、本書出版にご尽力いただいた第一法規株式会社の皆様、画期的な企画を立ち上げてくれた修習同期・同修習地の共著者中村健人氏に感謝を申し上げて、おわりの言葉とさせていただく。

令和6年6月吉日
岡本　正

索引 （五十音順）

183

著者略歴

中村　健人（なかむら　たけひと）　弁護士・防災士

早稲田大学大学院法学研究科、神戸大学大学院経済学研究科卒（法学修士、経済学修士）。2003年弁護士登録（大阪弁護士会）。法律事務所、民間企業、自治体での各勤務を経て、現在は弁護士法人東町法律事務所（神戸事務所）所属、徳島県小松島市法務監を務める。2013年より同市において特定任期付常勤職員（政策法務室長）として勤務。2016年からは現職で行政実務全般に関する案件を取り扱う一方、弁護士として自治体からの各種相談にも応じている。
主な著書に『改正行政不服審査法　自治体の検討課題と対応のポイント（施行令対応版）』（第一法規、2016年）、『自治体職員のための民事保全法・民事訴訟法・民事執行法』（第一法規、2017年）、『問題解決力があがる　自治体職員のための法的思考の身につけ方―課長、ウシガエルを薬殺したいという住民の方からお電話です―』（第一法規、2022年）、『自治体職員のためのすぐに使える契約書式解説集 改訂版』（共著・第一法規、2024年）など。

岡本　正（おかもと　ただし）　弁護士・気象予報士

慶應義塾大学法学部法律学科卒。2003年弁護士登録（東京第一弁護士会）。銀座パートナーズ法律事務所代表。弁護士のほか、気象予報士、マンション管理士、ファイナンシャルプランナー（AFP）、防災士等の資格を活かし研究・教育活動に従事。岩手大学地域防災研究センター客員教授、北海道大学公共政策学研究センター卜席研究員、慶應義塾大学法科大学院・法学部非常勤講師、人と防災未来センター特別研究調査員ほか教育・研究実績多数。内閣府行政刷新会議事務局上席政策調査員として出向中に東日本大震災が発生。日弁連災害対策本部室長を兼任し復興政策に関与し

た経験から「災害復興法学」を創設。2017年新潟大学で博士（法学）取得。主な著書に『災害復興法学』『同Ⅱ』『同Ⅲ』（慶應義塾大学出版会）、『被災したあなたを助けるお金とくらしの話 増補版』（弘文堂、2021年）、『個別避難計画作成とチェックの８STEP〜災害対策で押さえておきたい個人情報の活用と保護のポイント〜』（共著、ぎょうせい、2023年）など。

※姉妹書の『自治体職員のための災害救援法務ハンドブック－備え、初動、応急から復旧、復興まで－』『改訂版　同』（第一法規）は両氏の共著。

サービス・インフォメーション

━━ 通話無料 ━━

①商品に関するご照会・お申込みのご依頼
　　　　　TEL 0120(203)694／FAX 0120(302)640
②ご住所・ご名義等各種変更のご連絡
　　　　　TEL 0120(203)696／FAX 0120(202)974
③請求・お支払いに関するご照会・ご要望
　　　　　TEL 0120(203)695／FAX 0120(202)973

●フリーダイヤル(TEL)の受付時間は、土・日・祝日を除く
　9:00～17:30です。
●FAXは24時間受け付けておりますので、あわせてご利用ください。

自治体職員のための　水害救援法務ハンドブック
―防災・減災の備えから初動・応急、復旧・復興までの実務―

2024年7月25日　初版発行

著　者　　中村　健人・岡本　正
発行者　　田　中　英　弥
発行所　　第一法規株式会社
　　　　　〒107-8560　東京都港区南青山2-11-17
　　　　　ホームページ　https://www.daiichihoki.co.jp/

水害法務ハン　ISBN978-4-474-09489-5　C2032　(6)